Indyjska Kuchnia dla Początkujących
Wyjątkowe Smaki w Zasięgu Twojej Ręki

Karolina Nowak

Streszczenie

Tarty Warzywne 18
    składniki 18
    metoda 19

Kiełkowana Fasola Bhel 20
    składniki 20
    Do dekoracji: 20
    metoda 21

Aloo Kachori 22
    składniki 22
    metoda 22

Dieta Dosa 24
    składniki 24
    metoda 24

Rolka podająca 26
    składniki 26
    metoda 27

Sabudana Palak Doodhi Uttapam 28
    składniki 28
    metoda 29

Poha 30
    składniki 30
    metoda 31

Kotlet Warzywny 32

składniki	32
metoda	33

Uppit sojowy 34
składniki	34
metoda	35

Upma 36
składniki	36
metoda	37

Wermiszel Upma 38
składniki	38
metoda	39

Bonda 40
składniki	40
metoda	41

Natychmiastowa dhokla 42
składniki	42
metoda	43

Dhal Maharani 44
składniki	44
metoda	45

Milagu Kuzhambu 46
składniki	46
metoda	47

Dhal Hariyali 48
składniki	48
metoda	49

Dhalcha 50

    składniki 50

    metoda 51

Tarkari Dhalcha 52

    składniki 52

    metoda 53

Dhokar Dhalna 54

    składniki 54

    metoda 55

Waran 56

    składniki 56

    metoda 56

Słodki Dhal 57

    składniki 57

    metoda 58

Słodko-kwaśny dhal 59

    składniki 59

    metoda 60

Mung-ni-Dhal 61

    składniki 61

    metoda 62

Dhal z cebulą i kokosem 63

    składniki 63

    metoda 64

Dahi Kadhi 65

    składniki 65

    metoda 66

Szpinak Dhal 67

składniki 67

metoda 68

Takker Dhal 69

składniki 69

metoda 70

Podstawowy Dhal 71

składniki 71

metoda 72

Maa-ki-Dhal 73

składniki 73

metoda 74

Dhansak 75

składniki 75

Mieszanka dhal: 75

metoda 76

Masoor Dhal 77

składniki 77

metoda 77

Panchemel Dhal 78

składniki 78

metoda 79

Cholar Dhal 80

składniki 80

metoda 81

Dilpasand Dhal 82

składniki 82

metoda 83

Dhal Masoor 84
    składniki 84
    metoda 85
Dhal z bakłażanem 86
    składniki 86
    metoda 87
Dhal Tadka żółty 88
    składniki 88
    metoda 89
Rasam 90
    składniki 90
    Na mieszankę przypraw: 90
    metoda 91
Prosty Mung Dhal 92
    składniki 92
    metoda 92
Całe zielone mung 93
    składniki 93
    metoda 94
Dahi Kadhi z Pakoras 95
    składniki 95
    Dla Kadi: 95
    metoda 96
Słodki niedojrzały mango Dhal 97
    składniki 97
    metoda 98
Malai Dhal 99

  składniki 99

  metoda 100

Sambhar 101

  składniki 101

  Do przypraw: 101

  metoda 102

Trzy Dale 103

  składniki 103

  metoda 104

Methi-Drumstick Sambhar 105

  składniki 105

  metoda 106

Dal Shorba 107

  składniki 107

  metoda 107

Smacznego Munga 108

  składniki 108

  metoda 109

Masala Toor Dhal 110

  składniki 110

  metoda 111

Suchy Żółty Mung Dhal 112

  składniki 112

  metoda 112

Urad cały 113

  składniki 113

  metoda 114

Dhal Fry 115
    składniki 115
    metoda 116
Natychmiastowa dawka 117
    składniki 117
    metoda 118
Rolada ze słodkich ziemniaków 119
    składniki 119
    metoda 119
Placek ziemniaczany 120
    składniki 120
    metoda 121
Murgh Malajski Kebab 122
    składniki 122
    metoda 123
Keema Puffy 124
    składniki 124
    metoda 125
Jajko Pakoda 127
    składniki 127
    metoda 128
Jajko Dosa 129
    składniki 129
    metoda 130
Khasta Kaczori 131
    składniki 131
    metoda 132

Dhokla z mieszanych roślin strączkowych 133
    składniki 133
    metoda 134
Frankie 135
    składniki 135
    metoda 136
Rozkosz Besan i Sera 137
    składniki 137
    Na mieszankę fasoli: 137
    metoda 138
Chilli Idli 139
    składniki 139
    metoda 139
Szpinakowe Kanapki 140
    składniki 140
    metoda 141
Paushtik Chaat 142
    składniki 142
    metoda 143
Rolada Z Kapusty 144
    składniki 144
    metoda 145
Chleb Pomidorowy 146
    składniki 146
    metoda 146
Placki z kukurydzy i sera 147
    składniki 147

metoda 147
Płatki Kukurydziane Chivda 148
    składniki 148
    metoda 149
Rolada orzechowa 150
    składniki 150
    metoda 151
Gołąbki z mięsem mielonym 152
    składniki 152
    metoda 153
paw bhadżi 154
    składniki 154
    metoda 155
Kotlet Sojowy 156
    składniki 156
    metoda 156
Bhel kukurydziany 158
    składniki 158
    metoda 158
Methi Gota 159
    składniki 159
    metoda 160
Idli 161
    składniki 161
    metoda 161
Idli Plus 162
    składniki 162

metoda 163

Kanapka Masala 164

    składniki 164

    metoda 165

Miętowe kebaby 166

    składniki 166

    metoda 166

Sevia Upma Warzywa 167

    składniki 167

    metoda 168

Bhel 169

    składniki 169

    metoda 169

Sabudana Khichdi 170

    składniki 170

    metoda 171

Dhokla proste 172

    składniki 172

    metoda 173

Ziemniak Jaldi 174

    składniki 174

    metoda 174

Dhokla pomarańcza 175

    składniki 175

    metoda 176

Kapusta mutia 177

    składniki 177

metoda 178
Rawa Dhokla 179
    składniki 179
    metoda 179
Czapatti Upma 180
    składniki 180
    metoda 181
Mung Dhokla 182
    składniki 182
    metoda 182
Kotlet Mięsny Mughlai 183
    składniki 183
    metoda 184
Masala Vada 185
    składniki 185
    metoda 185
Kapusta Chivda 186
    składniki 186
    metoda 187
Chleb Besan Bhajji 188
    składniki 188
    metoda 188
Methi Seekh Kebab 189
    składniki 189
    metoda 189
Jhinga Hariyali 191
    składniki 191

- metoda 192
- Methi Adai 193
  - składniki 193
  - metoda 194
- Groszek Chaat 195
  - składniki 195
  - metoda 195
- Shingada 196
  - składniki 196
  - Na ciasto: 196
  - metoda 197
- Cebula Bhajia 198
  - składniki 198
  - metoda 198
- Bagani Murgh 199
  - składniki 199
  - Na marynatę: 199
  - metoda 200
- Ziemniaczane Tikki 201
  - składniki 201
  - metoda 202
- Batata Vada 203
  - składniki 203
  - metoda 204
- Mini Kebaby z Kurczaka 205
  - składniki 205
  - metoda 205

Soczewica Rissole 206
    składniki 206
    metoda 207

Odżywcza poha 208
    składniki 208
    metoda 208

Zwykła fasola 209
    składniki 209
    metoda 210

Chleb Chutney Pakoda 211
    składniki 211
    metoda 211

Rozkosz Methi Khakry 212
    składniki 212
    metoda 212

Zielony kotlet 213
    składniki 213
    metoda 214

Handvo 215
    składniki 215
    metoda 216

Ghugra 217
    składniki 217
    metoda 217

Kebab Bananowy 219
    składniki 219
    metoda 219

Tarty Warzywne

dla 12

składniki

2 łyżki proszku maranta

4-5 dużych ziemniaków, ugotowanych i startych

1 łyżka rafinowanego oleju roślinnego plus dodatkowo do smażenia

125g / 4½ uncji Besan*

25 g startego świeżego kokosa

4-5 orzechów nerkowca

3-4 rodzynki

125 g ugotowanego mrożonego groszku

2 łyżeczki suszonych pestek granatu

2 łyżeczki grubo mielonej kolendry

1 łyżeczka nasion kopru włoskiego

½ łyżeczki mielonego czarnego pieprzu

½ łyżeczki chili w proszku

1 łyżeczka amchooru*

½ łyżeczki grubej soli

Sól dla smaku

metoda

- Wymieszaj maranta, ziemniaki i 1 łyżkę oleju. Odłożyć na bok.

- Aby przygotować nadzienie, wymieszaj pozostałe składniki, z wyłączeniem oleju.

- Podziel masę ziemniaczaną na okrągłe placki. Na środek każdego kotleta nałożyć łyżkę nadzienia. Uszczelnij je jak worek i spłaszcz.

- Pozostały olej rozgrzej w rondlu. Smaż klopsiki na małym ogniu na złoty kolor. Podawać na gorąco.

Kiełkowana Fasola Bhel

(Słona przekąska z kiełkami fasoli)

Dla 4 osób

składniki

100 g kiełkującej fasoli mung, gotowanej

250 g kaala chany*, gotowany

3 duże ziemniaki, ugotowane i pokrojone

2 duże pomidory, drobno posiekane

1 średniej wielkości cebula, posiekana

Sól dla smaku

Do dekoracji:

2 łyżki miętowego chutney

2 łyżki ciepłego i słodkiego chutney z mango

4-5 łyżek jogurtu

100 g frytek, pokruszonych

10 g posiekanych liści kolendry

metoda

- Wszystkie składniki oprócz składników na polewę wymieszać.
- Udekoruj w kolejności podanych składników. Natychmiast podawaj.

Aloo Kachori

(smażone kluski ziemniaczane)

za 15

składniki

350 g mąki pełnoziarnistej

1 łyżka rafinowanego oleju roślinnego plus dodatkowo do smażenia

1 łyżeczka nasion ajowanu

Sól dla smaku

5 ziemniaków, ugotowanych i rozgniecionych

2 łyżeczki chili w proszku

1 łyżka posiekanych liści kolendry

metoda

- Wymieszaj mąkę, 1 łyżkę oleju, nasiona ajowan i sól. Podzielić na kulki wielkości limonki. Spłaszcz każdy między dłońmi i odłóż na bok.
- Wymieszaj ziemniaki, chili w proszku, liście kolendry i trochę soli.
- Umieść porcję tej mieszanki na środku każdego kotleta. Uszczelnij, ściskając brzegi razem.

- Rozgrzej olej na nieprzywierającej patelni. Smaż kachoris na średnim ogniu, aż uzyskają złoty kolor. Odcedź i podawaj na gorąco.

Dieta Dosa

(dietetyczny naleśnik)

dla 12

składniki

300 g/10 uncji mung dhal*, zanurzone w 250 ml wody na 3-4 godziny

3-4 zielone papryczki chilli

2,5 cm korzeń imbiru

100 g kaszy manny

1 łyżka kwaśnej śmietany

50 g posiekanych liści kolendry

6 liści curry

Rafinowany olej roślinny do smarowania

Sól dla smaku

metoda

- Wymieszaj dhal z zielonymi papryczkami chilli i imbirem. Zmiel razem.
- Dodaj semolinę i śmietanę. Dobrze wymieszaj. Dodaj liście kolendry, liście curry i tyle wody, aby powstało gęste ciasto.

- Nasmaruj płaską patelnię i rozgrzej ją. Na to wylewamy 2 łyżki ciasta i rozprowadzamy wierzchem łyżki. Gotuj przez 3 minuty na małym ogniu. Odwróć i powtórz.
- Powtórz dla pozostałego ciasta. Podawać na gorąco.

Rolka podająca

Robi 8-10

składniki

200 g szpinaku, drobno posiekanego

1 marchewka, drobno posiekana

125 g mrożonego groszku

50 g kiełkującej fasoli mung

3-4 duże ziemniaki, ugotowane i rozgniecione

2 duże cebule, drobno posiekane

½ łyżeczki pasty imbirowej

½ łyżeczki pasty czosnkowej

1 zielona papryczka chilli, drobno posiekana

½ łyżeczki amchooru*

Sól dla smaku

½ łyżeczki chili w proszku

3 łyżki drobno posiekanych liści kolendry

Rafinowany olej roślinny do płytkiego smażenia

8-10 czapati

2 łyżki ciepłego i słodkiego chutney z mango

metoda

- Szpinak, marchew, groszek i fasolę mung ugotować razem na parze.
- Wymieszaj warzywa gotowane na parze z ziemniakami, cebulą, pastą imbirową, pastą czosnkową, zielonym chilli, amchoorem, solą, chili w proszku i liśćmi kolendry. Dobrze wymieszaj, aby uzyskać jednorodną mieszaninę.
- Z powstałej masy uformować małe kotlety.
- W garnku rozgrzej olej. Kotlety smażymy na średnim ogniu na złoty kolor. Odcedź i odłóż na bok.
- Rozłóż gorący i słodki chutney z mango na chapatti. Umieść kotlet na środku i zwiń chapattis.
- Powtórz dla wszystkich chapati. Podawać na gorąco.

Sabudana Palak Doodhi Uttapam

(Naleśniki z sago, szpinakiem i butelkowaną dynią)

za 20

składniki

1 łyżeczka toor dhal*

1 łyżeczka mung dhal*

1 łyżeczka fasoli urad*

1 łyżeczka masoor dhal*

3 łyżeczki ryżu

100 g sago, grubo zmielonego

50 g szpinaku ugotowanego na parze i zmielonego

¼ butelki dyni*, tarty

125g / 4½ uncji Besan*

½ łyżeczki mielonego kminku

1 łyżeczka drobno posiekanych liści mięty

1 zielona papryczka chilli, drobno posiekana

½ łyżeczki pasty imbirowej

Sól dla smaku

100 ml / 3½ uncji wody

Rafinowany olej roślinny do smażenia

metoda

- Zmiel toor dhal, mung dhal, fasolę urad, masoor dhal i ryż razem. Odłożyć na bok.
- Namocz sago przez 3-5 minut. Całkowicie odcedź.
- Wymieszaj z mieszanką mielonego ryżu i dhalu.
- Dodaj szpinak, tykwę butelkową, besan, mielony kminek, liście mięty, zielone chilli, pastę imbirową, sól i tyle wody, aby uzyskać gęste ciasto. Odstawić na 30 minut.
- Nasmaruj patelnię i rozgrzej ją. Wlej 1 łyżkę ciasta na patelnię i rozprowadź wierzchem łyżki.
- Przykryj i gotuj na średnim ogniu, aż spód będzie jasnobrązowy. Odwróć i powtórz.
- Powtórz dla pozostałego ciasta. Podawać na gorąco z ketchupem lub zielonym chutneyem kokosowym

Poha

Dla 4 osób

składniki

150 g poha*

1 1/2 łyżki rafinowanego oleju roślinnego

½ łyżeczki nasion kminku

½ łyżeczki nasion gorczycy

1 duży ziemniak, drobno posiekany

2 duże cebule, drobno pokrojone

5-6 zielonych papryczek chilli, drobno posiekanych

8 liści curry, grubo posiekanych

¼ łyżeczki kurkumy

45 g prażonych orzeszków ziemnych (opcjonalnie)

25 g / 1 uncja świeżego kokosa, rozdrobnionego lub zeskrobanego

10 g drobno posiekanych liści kolendry

1 łyżeczka soku z cytryny

Sól dla smaku

metoda

- Dobrze umyj poha. Całkowicie spuść wodę i odstaw poha na durszlak na 15 minut.
- Delikatnie poluzuj grudki poha palcami. Odłożyć na bok.
- W garnku rozgrzej olej. Dodać kminek i gorczycę. Niech trzeszczą przez 15 sekund.
- Dodać pokrojone ziemniaki. Smażyć na średnim ogniu przez 2-3 minuty. Dodaj cebulę, zielone chilli, liście curry i kurkumę. Gotuj, aż cebula będzie przezroczysta. Zdjąć z ognia.
- Dodaj poha, prażone orzeszki ziemne i połowę rozdrobnionych liści kokosa i kolendry. Wrzucić do dokładnego wymieszania.
- Posypać sokiem z cytryny i solą. Gotować przez 4-5 minut.
- Udekoruj pozostałymi liśćmi kokosa i kolendry. Podawać na gorąco.

Kotlet Warzywny

Robi 10-12

składniki

2 cebule, drobno posiekane

5 ząbków czosnku

¼ łyżeczki nasion kopru włoskiego

2-3 zielone chilli

10 g drobno posiekanych liści kolendry

2 duże marchewki, drobno posiekane

1 duży ziemniak, drobno posiekany

1 mały burak, drobno posiekany

50 g fasolki szparagowej, drobno posiekanej

50 g groszku

900 ml / 1½ litra wody

Sól dla smaku

¼ łyżeczki kurkumy

2-3 łyżki fasoli*

1 łyżka rafinowanego oleju roślinnego plus dodatkowo do smażenia

50 g bułki tartej

metoda

- Zmiel 1 cebulę, czosnek, nasiona kopru włoskiego, zielone papryczki chili i liście kolendry na gładką pastę. Odłożyć na bok.
- Wymieszaj marchewki, ziemniaki, buraki, fasolkę szparagową i groszek razem w rondlu. Dodaj 500 ml wody, sól i kurkumę i gotuj na średnim ogniu, aż warzywa będą miękkie.
- Dobrze zmiksuj warzywa i odłóż je na bok.
- Wymieszaj besan i pozostałą wodę, aby uzyskać gładkie ciasto. Odłożyć na bok.
- W garnku rozgrzej 1 łyżkę oleju. Dodaj pozostałą cebulę i smaż, aż będzie przezroczysta.
- Dodaj pastę cebulowo-czosnkową i smaż przez minutę na średnim ogniu, ciągle mieszając.
- Dodaj puree z warzyw i dobrze wymieszaj.
- Zdjąć z ognia i odstawić do ostygnięcia.
- Podziel tę mieszaninę na 10-12 kulek. Spłaszczyć między dłońmi, aby zrobić kotleciki.
- Zanurz klopsiki w cieście i obtocz je w bułce tartej.
- Rozgrzej olej na nieprzywierającej patelni. Smaż klopsiki z obu stron na złoty kolor.
- Podawać gorące z ketchupem.

Uppit sojowy

(przekąska z fasoli sojowej)

Dla 4 osób

składniki

1 1/2 łyżki rafinowanego oleju roślinnego

½ łyżeczki nasion gorczycy

2 zielone papryczki chilli, drobno posiekane

2 czerwone papryczki chilli, drobno posiekane

Szczypta asafetydy

1 duża cebula, drobno posiekana

2,5 cm korzeń imbiru, pokrojony w paski julienne

10 ząbków czosnku, drobno posiekanych

6 liści curry

100 g semoliny sojowej*, palone na sucho

100 g suchej prażonej kaszy manny

200 g groszku

500 ml ciepłej wody

¼ łyżeczki kurkumy

1 łyżeczka cukru

1 łyżeczka soli

1 duży pomidor, drobno posiekany

2 łyżki drobno posiekanych liści kolendry

15 rodzynek

10 orzechów nerkowca

metoda

- W garnku rozgrzej olej. Dodać ziarna gorczycy. Niech trzeszczą przez 15 sekund.
- Dodaj zielone papryczki chili, czerwone papryczki chilli, asafetydę, cebulę, imbir, czosnek i liście curry. Smażyć na średnim ogniu przez 3-4 minuty, często mieszając.
- Dodaj kaszę sojową, semolinę i groszek. Gotuj, aż oba rodzaje kaszy manny będą złocistobrązowe.
- Dodaj gorącą wodę, kurkumę, cukier i sól. Gotuj na średnim ogniu, aż woda odparuje.
- Udekoruj pomidorem, liśćmi kolendry, rodzynkami i orzechami nerkowca.
- Podawać na gorąco.

Upma

(talerz śniadaniowy z kaszy manny)

Dla 4 osób

składniki

1 łyżka klarowanego masła

150 g kaszy manny

1 łyżka rafinowanego oleju roślinnego

¼ łyżeczki gorczycy

1 łyżeczka urad dhal*

3 zielone papryczki chilli, przekrojone wzdłuż

8-10 liści curry

1 średniej wielkości cebula, drobno posiekana

1 średniej wielkości pomidor, drobno posiekany

750 ml / 1¼ litra wody

1 czubata łyżeczka cukru

Sól dla smaku

50 g groszku konserwowego (opcjonalnie)

25 g rzadkich liści kolendry, drobno posiekanych

metoda

- Podgrzej ghee na nieprzywierającej patelni. Dodać semolinę i smażyć, często mieszając, aż kasza nabierze złotego koloru. Odłożyć na bok.
- W garnku rozgrzej olej. Dodaj nasiona gorczycy, urad dhal, zielone chilli i liście curry. Smażyć, aż urad dhal zbrązowieje.
- Dodaj cebulę i smaż na małym ogniu, aż będzie przezroczysta. Dodaj pomidora i smaż przez kolejne 3-4 minuty.
- Dodać wodę i dobrze wymieszać. Gotuj na średnim ogniu, aż mieszanina zacznie się gotować. Dobrze wymieszaj.
- Dodaj cukier, sól, semolinę i groszek. Dobrze wymieszaj.
- Dusić, ciągle mieszając przez 2-3 minuty.
- Udekoruj listkami kolendry. Podawać na gorąco.

Wermiszel Upma

(Wermiszel Z Cebulą)

Dla 4 osób

składniki

3 łyżki rafinowanego oleju roślinnego

1 łyżeczka mung dhal*

1 łyżeczka urad dhal*

¼ łyżeczki gorczycy

8 liści curry

10 orzeszków ziemnych

10 orzechów nerkowca

1 średni ziemniak, drobno posiekany

1 duża marchewka, drobno posiekana

2 zielone papryczki chilli, drobno posiekane

1 cm korzenia imbiru, drobno posiekanego

1 duża cebula, drobno posiekana

1 pomidor, drobno posiekany

50 g mrożonego groszku

Sól dla smaku

1 litr / 1¾ litra wody

200 g wermiszelu

2 łyżki klarowanego masła

metoda

- W garnku rozgrzej olej. Dodaj mung dhal, urad dhal, gorczycę i liście curry. Niech trzeszczą przez 30 sekund.
- Dodaj orzeszki ziemne i nerkowce. Smażyć na średnim ogniu do złotego koloru.
- Dodać ziemniaka i marchewkę. Smażyć przez 4-5 minut.
- Dodaj chili, imbir, cebulę, pomidor, groszek i sól. Gotuj na średnim ogniu, często mieszając, aż warzywa będą miękkie.
- Dodać wodę i doprowadzić do wrzenia. Dobrze wymieszaj.
- Dodaj wermiszel stale mieszając, aby nie powstały grudki.
- Przykryć pokrywką i dusić przez 5-6 minut.
- Dodaj ghee i dobrze wymieszaj. Podawać na gorąco.

Bonda

(kotlet ziemniaczany)

Dla 10

składniki

5 łyżek rafinowanego oleju roślinnego plus dodatkowo do smażenia

½ łyżeczki nasion gorczycy

2,5 mm korzeń imbiru, drobno posiekany

2 zielone papryczki chilli, drobno posiekane

50 g drobno posiekanych liści kolendry

1 duża cebula, drobno posiekana

4 średniej wielkości ziemniaki, ugotowane i rozgniecione

1 duża marchewka, drobno posiekana i ugotowana

125 g groszku konserwowego

Szczypta kurkumy

Sól dla smaku

1 łyżeczka soku z cytryny

250g / 9 uncji fasoli*

200 ml / 7 uncji wody

½ łyżeczki proszku do pieczenia

metoda

- W garnku rozgrzej 4 łyżki oleju. Dodać gorczycę, imbir, zielone papryczki chilli, liście kolendry i cebulę. Smażyć na średnim ogniu, od czasu do czasu mieszając, aż cebula się zarumieni.
- Dodaj ziemniaki, marchewkę, groszek, kurkumę i sól. Dusić 5-6 minut, od czasu do czasu mieszając.
- Skrop sokiem z cytryny i podziel masę na 10 kulek. Odłożyć na bok.
- Wymieszaj sos, wodę i drożdże z 1 łyżką oleju, aby uzyskać ciasto.
- W garnku rozgrzej olej. Zanurz każdą kulkę ziemniaczaną w cieście i smaż na średnim ogniu na złoty kolor.
- Podawać na gorąco.

Natychmiastowa dhokla

(Błyskawiczne pikantne ciasto na parze)

Robi 15-20

składniki

250g / 9 uncji fasoli*

1 łyżeczka soli

2 łyżki cukru

2 łyżki rafinowanego oleju roślinnego

½ łyżki soku z cytryny

240 ml / 8 uncji wody

1 łyżka proszku do pieczenia

1 łyżeczka nasion gorczycy

2 zielone papryczki chilli, przekrojone wzdłuż

Kilka liści curry

1 łyżka wody

2 łyżki drobno posiekanych liści kolendry

1 łyżka świeżego kokosa, posiekanego

metoda

- Wymieszaj besan, sól, cukier, 1 łyżkę oleju, sok z cytryny i wodę, aby uzyskać gładkie ciasto.
- Okrągłą tortownicę o średnicy 20 cm wysmarować masłem.
- Dodaj drożdże do ciasta. Dobrze wymieszaj i od razu wlej do wysmarowanej tłuszczem formy. Gotuj na parze przez 20 minut.
- Przekłuć widelcem, aby sprawdzić, czy jest gotowe. Jeśli widelec nie wyjdzie czysty, ponownie gotuj na parze przez 5 do 10 minut. Odłożyć na bok.
- Pozostały olej rozgrzej w rondlu. Dodać ziarna gorczycy. Niech trzeszczą przez 15 sekund.
- Dodaj zielone chilli, liście curry i wodę. Gotować przez 2 minuty.
- Wlej tę mieszaninę na dhokla i pozwól jej wchłonąć się w płyn.
- Udekoruj listkami kolendry i wiórkami kokosowymi.
- Pokrój na kwadraty i podawaj z miętowym chutneyem

Dhal Maharani

(Czarna Soczewica i Czerwona Fasola)

Dla 4 osób

składniki

150 g urad dhal*

2 łyżki fasoli borlotti

1,4 litra / 2½ litra wody

Sól dla smaku

1 łyżka rafinowanego oleju roślinnego

½ łyżeczki nasion kminku

1 duża cebula, drobno posiekana

3 średniej wielkości pomidory, posiekane

1 łyżeczka pasty imbirowej

½ łyżeczki pasty czosnkowej

½ łyżeczki chili w proszku

½ łyżeczki garam masali

120 ml / 4 uncje świeżej śmietanki

metoda

- Namocz urad dhal i czerwoną fasolę razem przez noc. Odcedź i gotuj razem w rondlu z wodą i solą przez 1 godzinę na średnim ogniu. Odłożyć na bok.
- W garnku rozgrzej olej. Dodaj nasiona kminku. Niech trzeszczą przez 15 sekund.
- Dodaj cebulę i smaż na średnim ogniu, aż się zarumieni.
- Dodaj pomidory. Dobrze wymieszaj. Dodaj pastę imbirową i pastę czosnkową. Smażyć przez 5 minut.
- Dodaj ugotowaną mieszankę dhalu i fasoli, chili w proszku i garam masala. Dobrze wymieszaj.
- Dodaj śmietanę. Dusić przez 5 minut, często mieszając.
- Podawać na gorąco z chlebem naan lub ugotowanym na parze ryżem

Milagu Kuzhambu

(Czerwony gram krakowany w sosie pieprzowym)

Dla 4 osób

składniki

2 łyżeczki klarowanego masła

2 łyżeczki nasion kolendry

1 łyżka pasty z tamaryndowca

1 łyżeczka mielonego czarnego pieprzu

¼ łyżeczki asafetydy

Sól dla smaku

1 łyżka toor dhal*, gotowane

1 litr / 1¾ litra wody

¼ łyżeczki gorczycy

1 zielona papryka, posiekana

¼ łyżeczki kurkumy

10 liści curry

metoda

- Podgrzej kilka kropel ghee w rondlu. Dodaj nasiona kolendry i smaż na średnim ogniu przez 2 minuty. Schłodzić i zmielić.
- Wymieszaj z pastą z tamaryndowca, pieprzem, asafetydą, solą i dhalem w dużym rondlu.
- Dodaj wodę. Dobrze wymieszaj i zagotuj na średnim ogniu. Odłożyć na bok.
- Podgrzej pozostałe ghee w rondlu. Dodaj nasiona gorczycy, zielone chili, kurkumę i liście curry. Niech trzeszczą przez 15 sekund.
- Dodaj to do dhalu. Podawać na gorąco.

Dhal Hariyali

(Liściaste warzywa z bengalskim podziałem gramów)

Dla 4 osób

składniki

300 g / 10 uncji za dhal*

1,4 litra / 2½ litra wody

Sól dla smaku

2 łyżki klarowanego masła

1 łyżeczka nasion kminku

1 cebula, drobno posiekana

½ łyżeczki pasty imbirowej

½ łyżeczki pasty czosnkowej

½ łyżeczki kurkumy

50 g szpinaku, posiekanego

10 g liści kozieradki, drobno posiekanych

25 g rzadkich liści kolendry

metoda

- Gotuj dhal z wodą i solą w rondlu przez 45 minut, często mieszając. Odłożyć na bok.
- Podgrzej ghee w rondelku. Dodaj nasiona kminku, cebulę, pastę imbirową, pastę czosnkową i kurkumę. Smaż przez 2 minuty na małym ogniu, ciągle mieszając.
- Dodaj szpinak, liście kozieradki i liście kolendry. Dobrze wymieszaj i gotuj przez 5-7 minut.
- Podawać na gorąco z ugotowanym na parze ryżem

Dhalcha

(Podzielony Gram Bengalski z Jagnięciną)

Dla 4 osób

składniki

150 g chana dalu*

150 g / 5½ uncji toor dhal*

2,8 litra / 5 litrów wody

Sól dla smaku

2 łyżki pasty z tamaryndowca

2 łyżki rafinowanego oleju roślinnego

4 duże cebule, posiekane

5 cm korzeń imbiru, starty

10 ząbków czosnku, rozgniecionych

750 g mielonej jagnięciny

1,4 litra / 2½ litra wody

3-4 pomidory, posiekane

1 łyżeczka chili w proszku

1 łyżeczka kurkumy

1 łyżeczka garam masali

20 liści curry

25 g rzadkich liści kolendry, drobno posiekanych

metoda

- Gotuj dhal z wodą i solą przez 1 godzinę na średnim ogniu. Dodaj pastę z tamaryndowca i dobrze wymieszaj. Odłożyć na bok.
- W garnku rozgrzej olej. Dodaj cebulę, imbir i czosnek. Smażyć na średnim ogniu do złotego koloru. Dodaj jagnięcinę i ciągle mieszaj, aż się zrumieni.
- Dodaj wodę i gotuj, aż jagnięcina będzie miękka.
- Dodaj pomidory, chili w proszku, kurkumę i sól. Dobrze wymieszaj. Gotuj przez kolejne 7 minut.
- Dodaj dhal, garam masala i liście curry. Dobrze wymieszaj. Gotować przez 4-5 minut.
- Udekoruj listkami kolendry. Podawać na gorąco.

Tarkari Dhalcha

(Bengalski gram split z warzywami)

Dla 4 osób

składniki

150 g chana dalu*

150 g / 5½ uncji toor dhal*

Sól dla smaku

3 litry / 5¼ litra wody

10 g liści mięty

10 g liści kolendry

2 łyżki rafinowanego oleju roślinnego

½ łyżeczki nasion gorczycy

½ łyżeczki nasion kminku

Szczypta nasion kozieradki

Szczypta nasion kalonji*

2 suszone czerwone chilli

10 liści curry

½ łyżeczki pasty imbirowej

½ łyżeczki pasty czosnkowej

½ łyżeczki kurkumy

1 łyżeczka chili w proszku

1 łyżeczka pasty z tamaryndowca

500g / 1lb 2oz dyni, pokrojonej w drobną kostkę

metoda

- Gotuj oba dhaly z solą, 2,5 litra wody, połową mięty i kolendrą w rondlu na średnim ogniu przez 1 godzinę. Ucieraj, aż uzyskasz gęstą pastę. Odłożyć na bok.
- W garnku rozgrzej olej. Dodać gorczycę, kminek, kozieradkę i kalonji. Niech trzeszczą przez 15 sekund.
- Dodaj czerwone papryczki chilli i liście curry. Smaż na średnim ogniu przez 15 sekund.
- Dodaj pastę dhal, pastę imbirową, pastę czosnkową, kurkumę, chili w proszku i pastę z tamaryndowca. Dobrze wymieszaj. Gotuj na średnim ogniu, często mieszając, przez 10 minut.
- Dodać pozostałą wodę i zmiksować. Dusić, aż dynia się ugotuje.
- Dodaj pozostałe liście mięty i kolendry. Gotuj przez 3-4 minuty.
- Podawać na gorąco.

Dhokar Dhalna

(Smażone Kostki Curry Dhal)

Dla 4 osób

składniki

600 g / 1 funt 5 uncji chana dhal*, moczyć przez noc

120 ml wody

Sól dla smaku

4 łyżki rafinowanego oleju roślinnego plus dodatkowo do smażenia

3 zielone papryczki chilli, posiekane

½ łyżeczki asafetydy

2 duże cebule, drobno posiekane

1 liść laurowy

1 łyżeczka pasty imbirowej

1 łyżeczka pasty czosnkowej

1 łyżeczka chili w proszku

¾ łyżeczki kurkumy

1 łyżeczka garam masali

1 łyżka drobno posiekanych liści kolendry

metoda

- Zmiel dhal z wodą i odrobiną soli na gęstą pastę. Odłożyć na bok.
- W garnku rozgrzej 1 łyżkę oleju. Dodaj zielone chilli i asafetydę. Niech trzeszczą przez 15 sekund. Wymieszaj pastę dhal i trochę soli. Dobrze wymieszaj.
- Rozłóż tę mieszaninę na tacy, aby ostygła. Pokroić na 2,5 cm kawałki.
- W garnku rozgrzej olej do smażenia. Smaż kawałki na złoty kolor. Odłożyć na bok.
- W garnku rozgrzej 2 łyżki oleju. Smaż cebulę na złoty kolor. Zmiel je na pastę i odłóż na bok.
- W garnku rozgrzej pozostałą 1 łyżkę oleju. Dodaj liść laurowy, smażone kawałki dhalu, pastę ze smażonej cebuli, pastę imbirową, pastę czosnkową, chili w proszku, kurkumę i garam masala. Dodaj tyle wody, aby przykryła kawałki dhalu. Dobrze wymieszaj i gotuj przez 7-8 minut.
- Udekoruj listkami kolendry. Podawać na gorąco.

Waran

(Prosty Split Czerwony Gram Dhal)

Dla 4 osób

składniki

300 g / 10 uncji za dhal*

2,4 litra / 4 litry wody

¼ łyżeczki asafetydy

½ łyżeczki kurkumy

Sól dla smaku

metoda

- Gotuj wszystkie składniki w rondlu przez około 1 godzinę na średnim ogniu.
- Podawać na gorąco z ugotowanym na parze ryżem

Słodki Dhal

(Słodki Split Czerwony Gram)

Dla 4-6 osób

składniki

300 g / 10 uncji za dhal*

2,5 litra / 4 litry wody

Sól dla smaku

¼ łyżeczki kurkumy

Dobra szczypta asafetydy

½ łyżeczki chili w proszku

5 cm kawałek jarmużu*

2 łyżeczki rafinowanego oleju roślinnego

¼ łyżeczki nasion kminku

¼ łyżeczki gorczycy

2 suszone czerwone chilli

1 łyżka drobno posiekanych liści kolendry

metoda

- Umyj i gotuj toor dhal z wodą i solą w rondlu na małym ogniu przez 1 godzinę.
- Dodaj kurkumę, asafetydę, chili w proszku i jaggery. Gotuj przez 5 minut. Dobrze wymieszaj. Odłożyć na bok.
- W małym rondlu rozgrzej olej. Dodaj nasiona kminku, nasiona gorczycy i suszone czerwone papryczki chilli. Niech trzeszczą przez 15 sekund.
- Wlej do dhalu i dobrze wymieszaj.
- Udekoruj listkami kolendry. Podawać na gorąco.

Słodko-kwaśny dhal

(Słodko-kwaśny łamany czerwony gram)

Dla 4-6 osób

składniki

300 g / 10 uncji za dhal*

2,4 litra / 4 litry wody

Sól dla smaku

¼ łyżeczki kurkumy

¼ łyżeczki asafetydy

1 łyżeczka pasty z tamaryndowca

1 łyżeczka cukru

2 łyżeczki rafinowanego oleju roślinnego

½ łyżeczki nasion gorczycy

2 zielone chilli

8 liści curry

1 łyżka drobno posiekanych liści kolendry

metoda

- Gotuj toor dhal w rondlu z wodą i solą na średnim ogniu przez 1 godzinę.
- Dodaj kurkumę, asafetydę, pastę z tamaryndowca i cukier. Gotuj przez 5 minut. Odłożyć na bok.
- W małym rondlu rozgrzej olej. Dodaj nasiona gorczycy, zielone chilli i liście curry. Niech trzeszczą przez 15 sekund.
- Wlej tę przyprawę do dhalu.
- Udekoruj listkami kolendry.
- Podawać na gorąco z ugotowanym na parze ryżem lub chapattis

Mung-ni-Dhal

(zielony gram podzielony)

Dla 4 osób

składniki

300 g/10 uncji mung dhal*

1,9 litra / 3½ litra wody

Sól dla smaku

¼ łyżeczki kurkumy

½ łyżeczki pasty imbirowej

1 zielona papryczka chilli, drobno posiekana

¼ łyżeczki cukru

1 łyżka klarowanego masła

½ łyżeczki nasion sezamu

1 mała cebula, posiekana

1 posiekany ząbek czosnku

metoda

- Gotuj mung dhal z wodą i solą w rondlu na średnim ogniu przez 30 minut.
- Dodaj kurkumę, pastę imbirową, zielone chilli i cukier. Dobrze wymieszaj.
- Dodaj 120 ml wody, jeśli dhal jest suchy. Dusić przez 2-3 minuty i odstawić.
- Podgrzej ghee w małym rondlu. Dodaj nasiona sezamu, cebulę i czosnek. Smaż je przez 1 minutę, ciągle mieszając.
- Dodaj to do dhalu. Podawać na gorąco.

Dhal z cebulą i kokosem

(Czerwony gram pęknięty z cebulą i kokosem)

Dla 4-6 osób

składniki

300 g / 10 uncji za dhal*

2,8 litra / 5 litrów wody

2 zielone papryczki chilli, posiekane

1 mała cebula, posiekana

Sól dla smaku

¼ łyżeczki kurkumy

1 ½ łyżeczki oleju roślinnego

½ łyżeczki nasion gorczycy

1 łyżka drobno posiekanych liści kolendry

50 g startego świeżego kokosa

metoda

- Gotuj toor dhal z wodą, zielonymi papryczkami chilli, cebulą, solą i kurkumą w rondlu na średnim ogniu przez 1 godzinę. Odłożyć na bok.
- W garnku rozgrzej olej. Dodać ziarna gorczycy. Niech trzeszczą przez 15 sekund.
- Wlej do dhalu i dobrze wymieszaj.
- Udekoruj listkami kolendry i wiórkami kokosowymi. Podawać na gorąco.

Dahi Kadhi

(Jogurt Curry)

Dla 4 osób

składniki

1 łyżka fasoli*

250 g jogurtu

750 ml / 1¼ litra wody

2 łyżeczki cukru

Sól dla smaku

½ łyżeczki pasty imbirowej

1 łyżka rafinowanego oleju roślinnego

¼ łyżeczki gorczycy

¼ łyżeczki nasion kminku

¼ łyżeczki nasion kozieradki

8 liści curry

10 g drobno posiekanych liści kolendry

metoda

- Wymieszaj besan z jogurtem, wodą, cukrem, solą i pastą imbirową w dużym rondlu. Dobrze wymieszaj, aby nie powstały grudki.
- Gotuj mieszaninę na średnim ogniu, aż zacznie gęstnieć, często mieszając. Doprowadzić do wrzenia. Odłożyć na bok.
- W garnku rozgrzej olej. Dodaj nasiona gorczycy, nasiona kminku, nasiona kozieradki i liście curry. Niech trzeszczą przez 15 sekund.
- Wlej ten olej na mieszankę besan.
- Udekoruj listkami kolendry. Podawać na gorąco.

Szpinak Dhal

(Szpinak Z Przełamanym Zielonym Gramem)

Dla 4 osób

składniki

300 g/10 uncji mung dhal*

1,9 litra / 3½ litra wody

Sól dla smaku

1 duża cebula, posiekana

6 ząbków czosnku, posiekanych

¼ łyżeczki kurkumy

100 g posiekanego szpinaku

½ łyżeczki amchooru*

Szczypta garam masala

½ łyżeczki pasty imbirowej

1 łyżka rafinowanego oleju roślinnego

1 łyżeczka nasion kminku

2 łyżki drobno posiekanych liści kolendry

metoda

- Gotuj dhal z wodą i solą w rondlu na średnim ogniu przez 30-40 minut.
- Dodaj cebulę i czosnek. Gotuj przez 7 minut.
- Dodaj kurkumę, szpinak, amchoor, garam masala i pastę imbirową. Dobrze wymieszaj.
- Dusić, aż dhal będzie miękki i wszystkie przyprawy się wchłoną. Odłożyć na bok.
- W garnku rozgrzej olej. Dodaj nasiona kminku. Niech trzeszczą przez 15 sekund.
- Wylej na dhal.
- Udekoruj listkami kolendry. Podawać na gorąco

Takker Dhal

(Dzielona czerwona soczewica z niedojrzałym mango)

Dla 4 osób

składniki

300 g / 10 uncji za dhal*

2,4 litra / 4 litry wody

1 niedojrzałe mango, bez pestki i pokrojone w ćwiartki

½ łyżeczki kurkumy

4 zielone chilli

Sól dla smaku

2 łyżeczki oleju musztardowego

½ łyżeczki nasion gorczycy

1 łyżka drobno posiekanych liści kolendry

metoda

- Gotuj dhal z wodą, kawałkami mango, kurkumą, zielonymi papryczkami chilli i solą przez godzinę. Odłożyć na bok.
- W garnku rozgrzej olej i dodaj ziarna gorczycy. Niech trzeszczą przez 15 sekund.
- Dodaj to do dhalu. Dusić, aż zgęstnieje.
- Udekoruj listkami kolendry. Podawać na gorąco z ugotowanym na parze ryżem

Podstawowy Dhal

(Split Red Gram z Pomidorem)

Dla 4 osób

składniki

300 g / 10 uncji za dhal*

1,2 litra / 2 litry wody

Sól dla smaku

¼ łyżeczki kurkumy

½ łyżki rafinowanego oleju roślinnego

¼ łyżeczki nasion kminku

2 zielone papryczki chilli, przekrojone wzdłuż

1 średniej wielkości pomidor, drobno posiekany

1 łyżka drobno posiekanych liści kolendry

metoda

- Gotuj toor dhal z wodą i solą w rondlu przez 1 godzinę na średnim ogniu.
- Dodaj kurkumę i dobrze wymieszaj.
- Jeśli dhal jest zbyt gęsty, dodaj 120 ml wody. Dobrze wymieszaj i odłóż na bok.
- W garnku rozgrzej olej. Dodaj nasiona kminku i pozwól im trzaskać przez 15 sekund. Dodać zielone chilli i pomidory. Smażyć przez 2 minuty.
- Dodaj to do dhalu. Mieszaj i gotuj przez 3 minuty.
- Udekoruj listkami kolendry. Podawać na gorąco z ugotowanym na parze ryżem

Maa-ki-Dhal

(bogaty czarny gram)

Dla 4 osób

składniki

240 g kaali dhal*

125 g fasoli borlotti

2,8 litra / 5 litrów wody

Sól dla smaku

3,5 cm korzeń imbiru, pokrojony w paski julienne

1 łyżeczka chili w proszku

3 pomidory, puree

1 łyżka masła

2 łyżeczki rafinowanego oleju roślinnego

1 łyżeczka nasion kminku

2 łyżki płynnej śmietany

metoda

- Namocz dhal i fasolę pinto razem przez noc.
- Gotuj z wodą, solą i imbirem w rondlu przez 40 minut na średnim ogniu.
- Dodaj chili w proszku, przecier pomidorowy i masło. Gotować przez 8-10 minut. Odłożyć na bok.
- W garnku rozgrzej olej. Dodaj nasiona kminku. Niech trzeszczą przez 15 sekund.
- Dodaj to do dhalu. Dobrze wymieszaj.
- Dodaj śmietanę. Podawać na gorąco z ugotowanym na parze ryżem

Dhansak

(Pikantny Parsi Split Red Gram)

Dla 4 osób

składniki

3 łyżki rafinowanego oleju roślinnego

1 duża cebula, drobno posiekana

2 duże pomidory, posiekane

½ łyżeczki kurkumy

½ łyżeczki chili w proszku

1 łyżka dhansak masali*

1 łyżka octu słodowego

Sól dla smaku

Mieszanka dhal:

150 g / 5½ uncji toor dhal*

75 g / 2½ uncji mung dhal*

75 g masoor dalu*

1 mały bakłażan, pokrojony w ćwiartki

7,5 cm kawałek dyni, pokrojony na ćwiartki

1 łyżka świeżych liści kozieradki

1,4 litra / 2½ litra wody

Sól dla smaku

metoda

- Gotuj składniki mieszanki dhal razem w rondlu na średnim ogniu przez 45 minut. Odłożyć na bok.
- W garnku rozgrzej olej. Smaż cebulę i pomidory na średnim ogniu przez 2-3 minuty.
- Dodaj mieszankę dhal i wszystkie pozostałe składniki. Dobrze wymieszaj i gotuj na średnim ogniu przez 5-7 minut. Podawać na gorąco.

Masoor Dhal

Dla 4 osób

składniki

300 g / 10 uncji Masoor Dhal*

Sól dla smaku

Szczypta kurkumy

1,2 litra / 2 litry wody

2 łyżki rafinowanego oleju roślinnego

6 ząbków czosnku, zmiażdżonych

1 łyżeczka soku z cytryny

metoda

- Gotuj dhal, sól, kurkumę i wodę w rondlu na średnim ogniu przez 45 minut. Odłożyć na bok.
- Rozgrzej olej na patelni i smaż czosnek na złoty kolor. Dodać do dhalu i skropić sokiem z cytryny. Dobrze wymieszaj. Podawać na gorąco.

Panchemel Dhal

(mieszanka pięciu soczewicy)

Dla 4 osób

składniki

75 g / 2½ uncji mung dhal*

1 łyżka chana dhal*

1 łyżka masoor dhal*

1 łyżka toor dhal*

1 łyżka urad dhal*

750 ml / 1¼ litra wody

½ łyżeczki kurkumy

Sól dla smaku

1 łyżka klarowanego masła

1 łyżeczka nasion kminku

Szczypta asafetydy

½ łyżeczki garam masali

1 łyżeczka pasty imbirowej

metoda

- Gotuj dhal z wodą, kurkumą i solą w rondlu przez 1 godzinę na średnim ogniu. Dobrze wymieszaj. Odłożyć na bok.
- Podgrzej ghee w rondelku. Smaż pozostałe składniki przez 1 minutę.
- Dodaj to do dhalu, dobrze wymieszaj i gotuj na wolnym ogniu przez 3-4 minuty. Podawać na gorąco.

Cholar Dhal

(Podzielony gram bengalski)

Dla 4 osób

składniki

600 g / 1 funt 5 uncji chana dhal*

2,4 litra / 5 litrów wody

Sól dla smaku

3 łyżki klarowanego masła

½ łyżeczki nasion kminku

½ łyżeczki kurkumy

2 łyżeczki cukru

3 goździki

2 liście laurowe

2,5 cm cynamonu

2 zielone strąki kardamonu

15 g kokosa, posiekanego i podsmażonego

metoda

- Gotuj dhal z wodą i solą w rondlu na średnim ogniu przez 1 godzinę. Odłożyć na bok.
- W rondelku podgrzej 2 łyżki ghee. Dodać wszystkie składniki oprócz kokosa. Niech trzeszczą przez 20 sekund. Dodaj ugotowany dhal i gotuj, dobrze mieszając, przez 5 minut. Dodaj kokos i 1 łyżkę ghee. Podawać na gorąco.

Dilpasand Dhal

(specjalna soczewica)

Dla 4 osób

składniki

60 g fasoli urad*

2 łyżki fasoli borlotti

2 łyżki ciecierzycy

2 litry / 3½ litra wody

¼ łyżeczki kurkumy

2 łyżki klarowanego masła

2 pomidory, blanszowane i puree

2 łyżeczki mielonego kminku, uprażonego na sucho

125 g jogurtu, ubitego

120 ml płynnej śmietany

Sól dla smaku

metoda

- Zmieszaj fasolę, ciecierzycę i wodę. Moczyć w rondelku przez 4 godziny. Dodaj kurkumę i gotuj przez 45 minut na średnim ogniu. Odłożyć na bok.
- Podgrzej ghee w rondelku. Dodaj wszystkie pozostałe składniki i gotuj na średnim ogniu, aż ghee się oddzieli.
- Dodaj mieszankę fasoli i ciecierzycy. Dusić do wyschnięcia. Podawać na gorąco.

Dhal Masoor

(Połamana Czerwona Soczewica)

Dla 4 osób

składniki

1 łyżka klarowanego masła

1 łyżeczka nasion kminku

1 mała cebula, drobno posiekana

2,5 cm korzeń imbiru, drobno posiekany

6 ząbków czosnku, drobno posiekanych

4 zielone papryczki chilli, przekrojone wzdłuż

1 pomidor, obrany i przetarty

½ łyżeczki kurkumy

300 g / 10 uncji Masoor Dhal*

1,5 litra / 2 litry wody

Sól dla smaku

2 łyżki liści kolendry

metoda

- Podgrzej ghee w rondelku. Dodaj nasiona kminku, cebulę, imbir, czosnek, chilli, pomidor i kurkumę. Smażyć przez 5 minut, często mieszając.
- Dodaj dhal, wodę i sól. Gotować przez 45 minut. Udekoruj listkami kolendry. Podawać na gorąco z ugotowanym na parze ryżem

Dhal z bakłażanem

(Soczewica Z Bakłażanem)

Dla 4 osób

składniki

300 g / 10 uncji za dhal*

1,5 litra / 2 litry wody

Sól dla smaku

1 łyżka rafinowanego oleju roślinnego

50 g pokrojonych w kostkę bakłażanów

2,5 cm cynamonu

2 zielone strąki kardamonu

2 goździki

1 duża cebula, drobno posiekana

2 duże pomidory, drobno posiekane

½ łyżeczki pasty imbirowej

½ łyżeczki pasty czosnkowej

1 łyżeczka mielonej kolendry

½ łyżeczki kurkumy

10 g liści kolendry do dekoracji

metoda

- Gotuj dhal z wodą i solą w rondlu przez 45 minut na średnim ogniu. Odłożyć na bok.
- W garnku rozgrzej olej. Dodaj wszystkie pozostałe składniki oprócz liści kolendry. Smażyć przez 2-3 minuty, ciągle mieszając.
- Dodaj mieszankę do dhalu. Gotować przez 5 minut. Udekoruj i podawaj.

Dhal Tadka żółty

Dla 4 osób

składniki

300 g/10 uncji mung dhal*

1 litr / 1¾ litra wody

¼ łyżeczki kurkumy

Sól dla smaku

3 łyżeczki klarowanego masła

½ łyżeczki nasion gorczycy

½ łyżeczki nasion kminku

½ łyżeczki nasion kozieradki

2,5 cm korzeń imbiru, drobno posiekany

4 ząbki czosnku, drobno posiekane

3 zielone papryczki chilli, przekrojone wzdłuż

8 liści curry

metoda

- Gotuj dhal z wodą, kurkumą i solą w rondlu przez 45 minut na średnim ogniu. Odłożyć na bok.
- Podgrzej ghee w rondelku. Dodaj wszystkie pozostałe składniki. Smaż je przez 1 minutę i polej nimi dhal. Dobrze wymieszaj i podawaj na gorąco.

Rasam

(Ostra Zupa Tamaryndowa)

Dla 4 osób

składniki

2 łyżki pasty z tamaryndowca

750 ml / 1¼ litra wody

8-10 liści curry

2 łyżki posiekanych liści kolendry

Szczypta asafetydy

Sól dla smaku

2 łyżeczki klarowanego masła

½ łyżeczki nasion gorczycy

Na mieszankę przypraw:

2 łyżeczki nasion kolendry

2 łyżki stołowe toor dhal*

1 łyżeczka nasion kminku

4-5 ziaren pieprzu

1 suszona czerwona papryka

metoda

- Upraż na sucho i zmiel razem składniki mieszanki przypraw.
- Wymieszaj mieszankę przypraw ze wszystkimi składnikami oprócz ghee i gorczycy. Gotuj przez 7 minut na średnim ogniu w rondlu.
- Podgrzej ghee w innym rondlu. Dodaj ziarna gorczycy i pozwól im trzeszczeć przez 15 sekund. Wlej go bezpośrednio do rasamu. Podawać na gorąco.

Prosty Mung Dhal

Dla 4 osób

składniki

300 g/10 uncji mung dhal*

1 litr / 1¾ litra wody

Szczypta kurkumy

Sól dla smaku

2 łyżki rafinowanego oleju roślinnego

1 duża cebula, drobno posiekana

3 zielone papryczki chilli, drobno posiekane

2,5 cm korzeń imbiru, drobno posiekany

5 liści curry

2 pomidory, drobno posiekane

metoda

- Gotuj dhal z wodą, kurkumą i solą w rondlu przez 30 minut na średnim ogniu. Odłożyć na bok.
- W garnku rozgrzej olej. Dodaj wszystkie pozostałe składniki. Smażyć przez 3-4 minuty. Dodaj to do dhalu. Dusić, aż zgęstnieje. Podawać na gorąco.

Całe zielone mung

Dla 4 osób

składniki

250 g fasoli mung, namoczonej przez noc

1 litr / 1¾ litra wody

½ łyżki rafinowanego oleju roślinnego

½ łyżeczki nasion kminku

6 liści curry

1 duża cebula, drobno posiekana

½ łyżeczki pasty czosnkowej

½ łyżeczki pasty imbirowej

3 zielone papryczki chilli, drobno posiekane

1 pomidor, drobno posiekany

¼ łyżeczki kurkumy

Sól dla smaku

120 ml mleka

metoda

- Gotuj fasolę z wodą w rondlu przez 45 minut na średnim ogniu. Odłożyć na bok.
- W garnku rozgrzej olej. Dodaj nasiona kminku i liście curry.
- Po 15 sekundach dodaj ugotowaną fasolę i wszystkie pozostałe składniki. Dobrze wymieszaj i gotuj przez 7-8 minut. Podawać na gorąco.

Dahi Kadhi z Pakoras

(curry na bazie jogurtu ze smażonymi knedlami)

Dla 4 osób

składniki
Dla pakor:

125g / 4½ uncji Besan*

¼ łyżeczki nasion kminku

2 łyżeczki posiekanej cebuli

1 posiekana zielona papryka

½ łyżeczki startego imbiru

Szczypta kurkumy

2 zielone papryczki chilli, drobno posiekane

½ łyżeczki nasion ajowanu

Sól dla smaku

Olej do smażenia

Dla Kadi:

Dahi Kadhi

metoda

- W misce wymieszaj wszystkie składniki pakora, z wyjątkiem oleju, z wystarczającą ilością wody, aby powstało gęste ciasto. Łyżką smażymy na rozgrzanym oleju na złoty kolor.
- Ugotuj kadhi i dodaj pakora. Gotować przez 3-4 minuty.
- Podawać na gorąco z ugotowanym na parze ryżem

Słodki niedojrzały mango Dhal

(Split Red Gram z niedojrzałym mango)

Dla 4 osób

składniki

300 g / 10 uncji za dhal*

2 zielone papryczki chilli, przekrojone wzdłuż

2 łyżeczki chrzanu*, tarty

1 mała cebula, pokrojona w plasterki

Sól dla smaku

¼ łyżeczki kurkumy

1,5 litra / 2 litry wody

1 niedojrzałe mango, obrane i posiekane

1 ½ łyżeczki rafinowanego oleju roślinnego

½ łyżeczki nasion gorczycy

1 łyżka liści kolendry, do dekoracji

metoda

- Połącz wszystkie składniki oprócz oleju, gorczycy i liści kolendry w rondlu. Gotuj przez 30 minut na średnim ogniu. Odłożyć na bok.
- W garnku rozgrzej olej. Dodać ziarna gorczycy. Niech trzeszczą przez 15 sekund. Wylej na dhal. Udekoruj i podawaj na gorąco.

Malai Dhal

(Czarny gram split ze śmietaną)

Dla 4 osób

składniki

300 g/10 uncji urad dhal*, moczyć przez 4 godziny

1 litr / 1¾ litra wody

500 ml gotowanego mleka

1 łyżeczka kurkumy

Sól dla smaku

½ łyżeczki amchooru*

2 łyżki płynnej śmietany

1 łyżka klarowanego masła

1 łyżeczka nasion kminku

2,5 cm korzeń imbiru, drobno posiekany

1 mały pomidor, drobno posiekany

1 mała cebula, drobno posiekana

metoda

- Gotuj dhal z wodą na średnim ogniu przez 45 minut.
- Dodaj mleko, kurkumę, sól, amchoor i śmietanę. Dobrze wymieszaj i gotuj przez 3-4 minuty. Odłożyć na bok.
- Podgrzej ghee w rondelku. Dodaj nasiona kminku, imbir, pomidor i cebulę. Smażyć przez 3 minuty. Dodaj to do dhalu. Dobrze wymieszaj i podawaj na gorąco.

Sambhar

(Mieszanka Soczewicy i Warzyw gotowanych ze specjalnymi przyprawami)

Dla 4 osób

składniki

300 g / 10 uncji za dhal*

1,5 litra / 2 litry wody

Sól dla smaku

1 łyżka rafinowanego oleju roślinnego

1 duża cebula, cienko pokrojona

2 łyżeczki pasty z tamaryndowca

¼ łyżeczki kurkumy

1 zielona papryczka chilli, grubo posiekana

1 1/2 łyżeczki proszku sambhar*

2 łyżki drobno posiekanych liści kolendry

Do przypraw:

1 zielona papryczka chilli, pokrojona wzdłuż

1 łyżeczka nasion gorczycy

½ łyżeczki urad dhal*

8 liści curry

¼ łyżeczki asafetydy

metoda

- Wszystkie składniki dressingu mieszamy ze sobą. Odłożyć na bok.
- Gotuj toor dhal z wodą i solą w rondlu na średnim ogniu przez 40 minut. Dobrze zmiksuj. Odłożyć na bok.
- W garnku rozgrzej olej. Dodać składniki dressingu. Niech trzeszczą przez 20 sekund.
- Dodaj ugotowany dhal i wszystkie pozostałe składniki oprócz liści kolendry. Gotować przez 8-10 minut.
- Udekoruj listkami kolendry. Podawać na gorąco.

Trzy Dale

(Mieszana Soczewica)

Dla 4 osób

składniki

150 g / 5½ uncji toor dhal*

75 g masoor dalu*

75 g / 2½ uncji mung dhal*

1 litr / 1¾ litra wody

1 duży pomidor, drobno posiekany

1 mała cebula, drobno posiekana

4 ząbki czosnku, drobno posiekane

6 liści curry

Sól dla smaku

¼ łyżeczki kurkumy

2 łyżki rafinowanego oleju roślinnego

½ łyżeczki nasion kminku

metoda

- Dhal namocz w wodzie przez 30 minut. Gotuj z pozostałymi składnikami, z wyjątkiem oleju i kminku, przez 45 minut na średnim ogniu.
- W garnku rozgrzej olej. Dodaj nasiona kminku. Niech trzeszczą przez 15 sekund. Wylej na dhal. Dobrze wymieszaj. Podawać na gorąco.

Methi-Drumstick Sambhar

(Pałeczki z kozieradki i czerwonego grama)

Dla 4 osób

składniki

300 g / 10 uncji za dhal*

1 litr / 1¾ litra wody

Szczypta kurkumy

Sól dla smaku

2 indyjskie pałeczki*, posiekana

1 łyżeczka rafinowanego oleju roślinnego

¼ łyżeczki gorczycy

1 czerwona papryka, przekrojona na pół

¼ łyżeczki asafetydy

10 g świeżych liści kozieradki, posiekanych

1¼ łyżeczki proszku sambhar*

1¼ łyżeczki pasty z tamaryndowca

metoda

- Wymieszaj dhal, wodę, kurkumę, sól i uda w rondlu. Gotuj przez 45 minut na średnim ogniu. Odłożyć na bok.
- Rozgrzej olej na patelni. Dodać wszystkie pozostałe składniki i smażyć mieszając przez 2-3 minuty. Dodaj to do dhalu i gotuj na wolnym ogniu przez 7-8 minut. Podawać na gorąco.

Dal Shorba

(Zupa z soczewicy)

Dla 4 osób

składniki

300 g / 10 uncji za dhal*

Sól dla smaku

1 litr / 1¾ litra wody

1 łyżka rafinowanego oleju roślinnego

2 duże cebule pokrojone w plasterki

4 ząbki czosnku, zmiażdżone

50 g liści szpinaku, drobno posiekanych

3 pomidory, drobno posiekane

1 łyżeczka soku z cytryny

1 łyżeczka garam masali

metoda

- Gotuj dhal, sól i wodę w rondlu na średnim ogniu przez 45 minut. Odłożyć na bok.
- Podgrzej olej. Smaż cebulę na średnim ogniu, aż uzyskasz złoty kolor. Dodaj wszystkie pozostałe składniki i gotuj przez 5 minut, często mieszając.
- Dodać do mieszanki dhal. Podawać na gorąco.

Smacznego Munga

(Cały Mung)

Dla 4 osób

składniki

250 g fasoli mung

2,5 litra / 4 litry wody

Sól dla smaku

2 średniej wielkości cebule, posiekane

3 zielone papryczki chilli, posiekane

¼ łyżeczki kurkumy

1 łyżeczka chili w proszku

1 łyżeczka soku z cytryny

1 łyżka rafinowanego oleju roślinnego

½ łyżeczki nasion kminku

6 ząbków czosnku, zmiażdżonych

metoda

- Fasolę mung namoczyć w wodzie na 3-4 godziny. Gotuj w rondlu z solą, cebulą, zielonymi papryczkami chilli, kurkumą i chili w proszku na średnim ogniu przez 1 godzinę.
- Dodaj sok z cytryny. Gotować przez 10 minut. Odłożyć na bok.
- W garnku rozgrzej olej. Dodaj nasiona kminku i czosnek. Smażyć przez 1 minutę na średnim ogniu. Wlej go do mieszanki mung. Podawać na gorąco.

Masala Toor Dhal

(Gorący Pikantny Czerwony Gram)

Dla 4 osób

składniki

300 g / 10 uncji za dhal*

1,5 litra / 2 litry wody

Sól dla smaku

½ łyżeczki kurkumy

1 łyżka rafinowanego oleju roślinnego

½ łyżeczki nasion gorczycy

8 liści curry

¼ łyżeczki asafetydy

½ łyżeczki pasty imbirowej

½ łyżeczki pasty czosnkowej

1 zielona papryczka chilli, drobno posiekana

1 cebula, drobno posiekana

1 pomidor, drobno posiekany

2 łyżeczki soku z cytryny

2 łyżki liści kolendry, do dekoracji

metoda

- Gotuj dhal z wodą, solą i kurkumą w rondlu przez 45 minut na średnim ogniu. Odłożyć na bok.
- W garnku rozgrzej olej. Dodaj wszystkie składniki oprócz soku z cytryny i liści kolendry. Smaż przez 3-4 minuty na średnim ogniu. Wylej na dhal.
- Dodaj sok z cytryny i liście kolendry. Dobrze wymieszaj. Podawać na gorąco.

Suchy Żółty Mung Dhal

(suchy żółty gram)

Dla 4 osób

składniki

300 g/10 uncji mung dhal*, moczyć przez 1 godzinę

250 ml / 8 uncji wody

¼ łyżeczki kurkumy

Sól dla smaku

1 łyżka klarowanego masła

1 łyżeczka amchooru*

1 łyżka posiekanych liści kolendry

1 mała cebula, drobno posiekana

metoda

- Gotuj dhal z wodą, kurkumą i solą w rondlu przez 45 minut na średnim ogniu.
- Podgrzej ghee i polej nim dhal. Posypać amchoorem, liśćmi kolendry i cebulą. Podawać na gorąco.

Urad cały

(cały czarny gram)

Dla 4 osób

składniki

300 g fasoli urad*, umyty

Sól dla smaku

1,25 litra / 2½ litra wody

¼ łyżeczki kurkumy

½ łyżeczki chili w proszku

½ łyżeczki suszonego imbiru w proszku

¾ łyżeczki garam masali

1 łyżka klarowanego masła

½ łyżeczki nasion kminku

1 duża cebula, drobno posiekana

2 łyżki drobno posiekanych liści kolendry

metoda

- Gotuj fasolę urad z solą i wodą w rondlu przez 45 minut na średnim ogniu.
- Dodaj kurkumę, chili w proszku, imbir w proszku i garam masala. Dobrze wymieszaj i gotuj przez 5 minut. Odłożyć na bok.
- Podgrzej ghee w rondelku. Dodaj nasiona kminku i pozwól im trzaskać przez 15 sekund. Dodaj cebulę i smaż na średnim ogniu, aż się zarumieni.
- Dodaj mieszankę cebuli do dhalu i dobrze wymieszaj. Gotować przez 10 minut.
- Udekoruj listkami kolendry. Podawać na gorąco.

Dhal Fry

(Podzielony Czerwony Gram ze Smażonymi Przyprawami)

Dla 4 osób

składniki

300 g / 10 uncji za dhal*

1,5 litra / 2 litry wody

½ łyżeczki kurkumy

Sól dla smaku

2 łyżki klarowanego masła

½ łyżeczki nasion gorczycy

½ łyżeczki nasion kminku

½ łyżeczki nasion kozieradki

2,5 cm korzeń imbiru, drobno posiekany

2-3 ząbki czosnku, drobno posiekane

2 zielone papryczki chilli, drobno posiekane

1 mała cebula, drobno posiekana

1 pomidor, drobno posiekany

metoda

- Gotuj dhal z wodą, kurkumą i solą w rondlu przez 45 minut na średnim ogniu. Dobrze wymieszaj. Odłożyć na bok.

- Podgrzej ghee w rondelku. Dodaj nasiona gorczycy, nasiona kminku i nasiona kozieradki. Niech trzeszczą przez 15 sekund.

- Dodaj imbir, czosnek, zielone chilli, cebulę i pomidora. Smażyć na średnim ogniu przez 3-4 minuty, często mieszając. Dodaj to do dhalu. Podawać na gorąco.

Natychmiastowa dawka

(Błyskawiczny Naleśnik Ryżowy)

Robi 10-12

składniki

85 g mąki ryżowej

45 g mąki pełnoziarnistej

45 g zwykłej białej mąki

25 g skąpej kaszy manny

60g / 2oz Besan*

1 łyżeczka mielonego kminku

4 zielone papryczki chilli, drobno posiekane

2 łyżki kwaśnej śmietany

Sól dla smaku

120 ml rafinowanego oleju roślinnego

metoda

- Wymieszaj wszystkie składniki, z wyjątkiem oleju, razem z wystarczającą ilością wody, aby uzyskać gęste, rzadkie ciasto.

- Rozgrzej patelnię i wlej do niej łyżkę oleju. Wlać 2 łyżki ciasta i rozprowadzić wierzchem łyżki, tworząc naleśnik.

- Smaż, aż spód będzie brązowy. Odwróć i powtórz.

- Ostrożnie usuń szpatułką. Powtórz dla pozostałego ciasta.

- Podawać na gorąco z dowolnym chutneyem.

Rolada ze słodkich ziemniaków

Robi 15-20

składniki

4 duże słodkie ziemniaki, gotowane na parze i puree

175 g mąki ryżowej

4 łyżki miodu

20 orzechów nerkowca, lekko uprażonych i posiekanych

20 rodzynek

Sól dla smaku

2 łyżeczki nasion sezamu

Masło klarowane do smażenia

metoda

- Wymieszaj wszystkie składniki oprócz ghee i sezamu.

- Uformuj kulki wielkości orzecha włoskiego i obtocz je w sezamie, aby je obtoczyć.

- Podgrzej ghee na nieprzywierającej patelni. Kulki smażymy na średnim ogniu na złoty kolor. Podawać na gorąco.

Placek ziemniaczany

za 30

składniki

6 dużych ziemniaków, 3 starte plus 3 ugotowane i rozgniecione

2 jajka

2 łyżki naturalnej białej mąki

½ łyżeczki świeżo zmielonego czarnego pieprzu

1 mała cebula, drobno posiekana

120 ml mleka

60 ml rafinowanego oleju roślinnego

1 łyżeczka soli

2 łyżki oleju

metoda

- Wszystkie składniki poza olejem zmiksować na gęste ciasto.

- Rozgrzej płaską patelnię i rozprowadź na niej olej. Nakładać 2-4 duże łyżki ciasta i rozprowadzać jak naleśnik.

- Smaż z każdej strony na średnim ogniu przez 3 do 4 minut, aż naleśnik będzie złocisty i chrupiący na brzegach.

- Powtórz dla pozostałego ciasta. Podawać na gorąco.

Murgh Malajski Kebab

(Kremowy Kebab Z Kurczaka)

Robi 25-30

składniki

1 łyżeczka pasty imbirowej

1 łyżeczka pasty czosnkowej

2 zielone chilli

25 g rzadkich liści kolendry, drobno posiekanych

3 łyżki śmietany

1 łyżeczka naturalnej białej mąki

125 g startego sera cheddar

1 łyżeczka soli

500g / 1lb 2oz kurczaka bez kości, drobno posiekanego

metoda

- Wymieszaj wszystkie składniki oprócz kurczaka.

- Marynuj kawałki kurczaka w mieszance przez 4-6 godzin.

- Ułożyć w brytfannie i piec w temperaturze 165ºC (325ºF, Gas Mark 4) przez około 20-30 minut, aż kurczak będzie jasnobrązowy.

- Podawać na gorąco z miętowym chutneyem

Keema Puffy

(Precle nadziewane mięsem mielonym)

dla 12

składniki

250 g zwykłej białej mąki

½ łyżki soli

½ łyżeczki proszku do pieczenia

1 łyżka klarowanego masła

100 ml / 3½ uncji wody

2 łyżki rafinowanego oleju roślinnego

2 średniej wielkości cebule, drobno posiekane

¾ łyżeczki pasty imbirowej

¾ łyżeczki pasty czosnkowej

6 zielonych papryczek chilli, drobno posiekanych

1 duży pomidor, drobno posiekany

½ łyżeczki kurkumy

½ łyżeczki chili w proszku

1 łyżeczka garam masali

125 g mrożonego groszku

4 łyżki jogurtu

2 łyżki wody

50 g drobno posiekanych liści kolendry

500 g kurczaka, mielonego

metoda

- Mąkę, sól i proszek do pieczenia przesiać razem. Dodaj ghee i wodę. Zagnieść, aby powstało ciasto. Odstawić na 30 minut i jeszcze raz zagnieść. Odłożyć na bok.

- W garnku rozgrzej olej. Dodaj cebulę, pastę imbirową, pastę czosnkową i zielone chilli. Smażyć przez 2 minuty na średnim ogniu.

- Dodaj pomidory, kurkumę, chili w proszku, garam masala i trochę soli. Dobrze wymieszaj i gotuj przez 5 minut, często mieszając.

- Dodaj groszek, jogurt, wodę, liście kolendry i mielonego kurczaka. Dobrze wymieszaj. Gotuj przez 15 minut, od czasu do czasu mieszając, aż masa będzie sucha. Odłożyć na bok.

- Rozwałkuj ciasto na duży dysk. Wytnij kwadrat, a następnie wytnij z kwadratu 12 małych prostokątów.

- Umieść mieszankę mielonej wołowiny na środku każdego prostokąta i zwiń jak kawałek papieru cukrowego.

- Piec w 175ºC (350ºF, Gas Mark 4) przez 10 minut. Podawać na gorąco.

Jajko Pakoda

(Przekąska Jajko Sadzone)

za 20

składniki

3 jajka, ubite

3 kromki chleba, pokrojone na ćwiartki

125 g startego sera cheddar

1 cebula, drobno posiekana

3 zielone papryczki chilli, drobno posiekane

1 łyżka posiekanych liści kolendry

½ łyżeczki mielonego czarnego pieprzu

½ łyżeczki chili w proszku

Sól dla smaku

Rafinowany olej roślinny do smażenia

metoda

- Wszystkie składniki oprócz oleju mieszamy ze sobą.

- Rozgrzej olej na nieprzywierającej patelni. Dodaj łyżki mieszanki. Smażyć na średnim ogniu do złotego koloru.

- Osączyć na chłonnym papierze. Podawać na gorąco.

Jajko Dosa

(Naleśnik z ryżem i jajkiem)

Robi 12-14

składniki

150 g urad dhal*

100 g ugotowanego na parze ryżu

Sól dla smaku

4 ubite jajka

Zmielony czarny pieprz do smaku

25 g/1 uncja skąpej cebuli, drobno posiekanej

2 łyżki posiekanych liści kolendry

1 łyżka rafinowanego oleju roślinnego

1 łyżka masła

metoda

- Namocz dhal i ryż razem przez 4 godziny. Solimy i miksujemy na gęste ciasto. Niech fermentuje przez noc.

- Nasmaruj i rozgrzej płaską patelnię. Na wierzchu rozsmarować 2 łyżki ciasta.

- Wlej 3 łyżki jajka na ciasto. Posypać pieprzem, cebulą i listkami kolendry. Brzegi skropić odrobiną oleju i smażyć przez 2 minuty. Ostrożnie odwróć i gotuj przez kolejne 2 minuty.

- Powtórz dla reszty ciasta. Połóż kawałek masła na każdej dosie i podawaj na gorąco z chutneyem kokosowym

Khasta Kaczori

(Pikantne smażone kluski z soczewicy)

Dla 12-15

składniki

200 g / 7 uncji oliwy z oliwek z pierwszego tłoczenia*

300 g zwykłej białej mąki

Sól dla smaku

200 ml / 7 uncji wody

2 łyżki rafinowanego oleju roślinnego plus do smażenia

Szczypta asafetydy

225 g/8 uncji mung dhal*, moczyć przez godzinę i odcedzić

1 łyżeczka kurkumy

1 łyżeczka mielonej kolendry

4 łyżeczki nasion kopru włoskiego

2-3 goździki

1 łyżka drobno posiekanych liści kolendry

3 zielone papryczki chilli, drobno posiekane

2,5 cm korzeń imbiru, drobno posiekany

1 łyżka drobno posiekanych listków mięty

¼ łyżeczki chili w proszku

1 łyżeczka amchooru*

metoda

- Wymieszaj besan, mąkę i trochę soli z wystarczającą ilością wody, aby uzyskać zwarte ciasto. Odłożyć na bok.

- W garnku rozgrzej olej. Dodaj asafetydę i pozwól jej trzeszczeć przez 15 sekund. Dodaj dhal i smaż przez 5 minut na średnim ogniu, ciągle mieszając.

- Dodaj kurkumę, mieloną kolendrę, nasiona kopru włoskiego, goździki, liście kolendry, zielone chilli, imbir, liście mięty, chili w proszku i amboor. Dobrze wymieszaj i gotuj przez 10-12 minut. Odłożyć na bok.

- Podziel ciasto na kulki wielkości cytryny. Spłaszcz je i rozwałkuj na małe krążki o średnicy 12,5 cm.

- Umieść łyżkę mieszanki dhal na środku każdego krążka. Zamknąć jak worek i spłaszczyć w puri. Odłożyć na bok.

- W garnku rozgrzej olej. Smaż puris, aż się zarumienią.

- Podawać na gorąco z zielonym chutneyem kokosowym

Dhokla z mieszanych roślin strączkowych

(Mieszane Ciasto Z Roślin Strączkowych Na Parze)

za 20

składniki

125 g całej fasoli mung*

125g kaala chany*

60 g / 2 uncje tureckiego grama

50 g suszonego groszku

75 g fasoli urad*

2 łyżeczki zielonego chilli

Sól dla smaku

metoda

- Zanurz razem fasolę mung, kaala chana, turecki gram i suszony groszek. Osobno namoczyć fasolę urad. Odstawić na 6 godzin.

- Wszystkie składniki do namoczenia zmiksować na gęste ciasto. Fermentować przez 6 godzin.

- Dodać zielone chilli i sól. Dobrze wymieszaj i wlej do okrągłej tortownicy o średnicy 20 cm i gotuj na parze przez 10 minut.

- Pokroić w kształt rombu. Podawać z miętowym chutneyem

Frankie

Robi 10-12

składniki

1 łyżeczka chaat masali*

½ łyżeczki garam masali

½ łyżeczki mielonego kminku

4 duże ziemniaki, ugotowane i rozgniecione

Sól dla smaku

10-12 czapati

Rafinowany olej roślinny do smarowania

2-3 zielone papryczki chilli, drobno posiekane i namoczone w białym occie

2 łyżki drobno posiekanych liści kolendry

1 cebula, drobno posiekana

metoda

- Wymieszaj chaat masala, garam masala, mielony kminek, ziemniaki i sól. Dobrze wymieszaj i odłóż na bok.

- Rozgrzej patelnię i umieść na niej chapatti.

- Skropić odrobiną oleju chapattis i obrócić do smażenia z jednej strony. Powtórz dla drugiej strony.

- Rozłóż równomiernie warstwę mieszanki ziemniaczanej na gorące chapati.

- Posypać zielonym chilli, liśćmi kolendry i cebulą.

- Zroluj chapattis tak, aby mieszanka ziemniaczana znalazła się w środku.

- Suszyć bułkę na patelni na złoty kolor i podawać na gorąco.

Rozkosz Besan i Sera

za 25

składniki

2 jajka

250 g sera cheddar, startego

1 łyżeczka mielonego czarnego pieprzu

1 łyżeczka mielonej musztardy

½ łyżeczki chili w proszku

60 ml rafinowanego oleju roślinnego

Na mieszankę fasoli:

50 g suchej prażonej kaszy manny

375 g / 13 uncji fasoli*

200 g kapusty, startej

1 łyżeczka pasty imbirowej

1 łyżeczka pasty czosnkowej

Szczypta proszku do pieczenia

Sól dla smaku

metoda

- Dobrze ubij 1 jajko. Dodaj ser cheddar, pieprz, mieloną musztardę i chili w proszku. Dobrze wymieszaj i odłóż na bok.

- Wymieszaj ze sobą składniki mieszanki besan. Przełożyć do okrągłej tortownicy o średnicy 20 cm i gotować na parze przez 20 minut. Po ostygnięciu pokrój je na 25 kawałków i posmaruj jajkiem i serem.

- W garnku rozgrzej olej. Smaż kawałki na średnim ogniu na złoty kolor. Podawać na gorąco z zielonym chutneyem kokosowym

Chilli Idli

Dla 4 osób

składniki

3 łyżki rafinowanego oleju roślinnego

1 łyżeczka nasion gorczycy

1 mała cebula, pokrojona w plasterki

½ łyżeczki garam masali

1 łyżka ketchupu

4 posiekane idlisy

Sól dla smaku

2 łyżki liści kolendry

metoda

- W garnku rozgrzej olej. Dodać ziarna gorczycy. Niech trzeszczą przez 15 sekund.

- Dodaj wszystkie pozostałe składniki oprócz liści kolendry. Dobrze wymieszaj.

- Gotuj na średnim ogniu przez 4-5 minut, delikatnie mieszając. Udekoruj listkami kolendry. Podawać na gorąco.

Szpinakowe Kanapki

Dla 10

składniki

2 łyżki masła

10 kromek chleba pokrojonego w ćwiartki

2 łyżki klarowanego masła

1 cebula, drobno posiekana

300 g szpinaku, drobno posiekanego

Sól dla smaku

125 g sera koziego, odsączonego

4 łyżki startego sera cheddar

metoda

- Posmaruj masłem obie strony kromek chleba i piecz w nagrzanym piekarniku do 200ºC (400ºF, Gas Mark 6) przez 7 minut. Odłożyć na bok.

- Podgrzej ghee w rondelku. Podsmaż cebulę na złoty kolor. Dodać szpinak i sól. Gotuj przez 5 minut. Dodaj kozi ser i dobrze wymieszaj.

- Rozłóż mieszankę szpinaku na podpieczonych kawałkach chleba. Posypać startym serem Cheddar i piec w temperaturze 130°C (250°F, Gas Mark ½), aż ser się roztopi. Podawać na gorąco.

Paushtik Chaat

(Zdrowa przekąska)

Dla 4 osób

składniki

3 łyżeczki rafinowanego oleju roślinnego

½ łyżeczki nasion kminku

2,5 cm korzeń imbiru, posiekany

1 mały ziemniak, ugotowany i posiekany

1 łyżeczka garam masali

Sól dla smaku

Zmielony czarny pieprz do smaku

250 g ugotowanej fasoli mung

300 g fasoli borlotti z puszki

300 g ciecierzycy z puszki

10 g posiekanych liści kolendry

1 łyżeczka soku z cytryny

metoda

- W garnku rozgrzej olej. Dodaj nasiona kminku. Niech trzeszczą przez 15 sekund.
- Dodać imbir, ziemniaki, garam masala, sól i pieprz. Smaż na średnim ogniu przez 3 minuty. Dodaj fasolę mung, czerwoną fasolę i ciecierzycę. Gotuj na średnim ogniu przez 8 minut.
- Udekoruj listkami kolendry i sokiem z cytryny. Podawać na zimno.

Rolada Z Kapusty

Dla 4 osób

składniki

1 łyżka naturalnej białej mąki

3 łyżki wody

Sól dla smaku

2 łyżki rafinowanego oleju roślinnego plus do smażenia

1 łyżeczka nasion kminku

100 g mrożonej mieszanki warzywnej

1 łyżka płynnej śmietany

2 łyżki paneera*

¼ łyżeczki kurkumy

1 łyżeczka chili w proszku

1 łyżeczka mielonej kolendry

1 łyżeczka mielonego kminku

8 dużych liści kapusty, namoczonych w gorącej wodzie przez 2-3 minuty i odsączonych

metoda

- Wymieszaj mąkę, wodę i sól, aby uzyskać gęstą pastę. Odłożyć na bok.
- W garnku rozgrzej olej. Dodaj nasiona kminku i pozwól im trzaskać przez 15 sekund. Dodaj wszystkie pozostałe składniki oprócz liści kapusty. Gotuj na średnim ogniu przez 2-3 minuty, często mieszając.
- Umieść łyżki tej mieszanki na środku każdego liścia kapusty. Złożyć liście i skleić końce pastą z mąki.
- Rozgrzej olej na nieprzywierającej patelni. Zanurz gołąbki w cieście mącznym i usmaż je. Podawać na gorąco.

Chleb Pomidorowy

Dla 4

składniki

1 1/2 łyżki rafinowanego oleju roślinnego

150 g przecieru pomidorowego

3-4 liście curry

2 zielone papryczki chilli, drobno posiekane

Sól dla smaku

2 duże ziemniaki, ugotowane i pokrojone

6 kromek chleba, posiekanego

10 g posiekanych liści kolendry

metoda

- W garnku rozgrzej olej. Dodaj przecier pomidorowy, liście curry, zielone chilli i sól. Gotuj przez 5 minut.
- Dodaj ziemniaki i chleb. Gotować przez 5 minut.
- Udekoruj listkami kolendry. Podawać na gorąco.

Placki z kukurydzy i sera

Robi 8-10

składniki

200 g słodkiej kukurydzy

250 g startej mozzarelli

4 duże ziemniaki, ugotowane i rozgniecione

2 zielone papryczki chilli, drobno posiekane

2,5 cm korzeń imbiru, drobno posiekany

1 łyżka posiekanych liści kolendry

1 łyżeczka soku z cytryny

50 g bułki tartej

Sól dla smaku

Rafinowany olej roślinny do smażenia

50 g kaszy manny

metoda

- W misce wymieszaj wszystkie składniki oprócz oleju i kaszy manny. Podziel na 8-10 kulek.
- W garnku rozgrzej olej. Kulki obtoczyć w kaszy manny i smażyć na średnim ogniu na złoty kolor. Podawać na gorąco.

Płatki Kukurydziane Chivda

(Przekąska z Pieczonych Płatków Kukurydzianych)

Robi 500g / 1lb 2oz

składniki

250 g orzeszków ziemnych

150 g chana dalu*

100 g rodzynek

125 g orzechów nerkowca

200 g płatków kukurydzianych

60 ml rafinowanego oleju roślinnego

7 zielonych papryczek chilli, przekrojonych

25 liści curry

½ łyżeczki kurkumy

2 łyżeczki cukru

Sól dla smaku

metoda

- Uprażyć na sucho orzeszki ziemne, chana dhal, rodzynki, orzechy nerkowca i płatki kukurydziane, aż będą chrupiące. Odłożyć na bok.
- W garnku rozgrzej olej. Dodaj zielone chilli, liście curry i kurkumę. Smaż na średnim ogniu przez minutę.
- Dodaj cukier, sól i wszystkie prażone składniki. Smażyć przez 2-3 minuty.
- Schłodzić i przechowywać w szczelnym pojemniku do 8 dni.

Rolada orzechowa

Za 20-25

składniki

140 g zwykłej białej mąki

240 ml mleka

1 łyżka masła

Sól dla smaku

Zmielony czarny pieprz do smaku

½ łyżki drobno posiekanych liści kolendry

3-4 łyżki startego sera cheddar

¼ łyżeczki gałki muszkatołowej, startej

125 g nerkowców, grubo zmielonych

125 g grubo zmielonych orzeszków ziemnych

50 g bułki tartej

Rafinowany olej roślinny do smażenia

metoda

- W rondelku wymieszaj 85 g mąki z mlekiem. Dodaj masło i gotuj mieszaninę, ciągle mieszając, na małym ogniu, aż zgęstnieje.
- Dodaj sól i pieprz. Pozwól mieszaninie ostygnąć przez 20 minut.
- Dodaj liście kolendry, ser cheddar, gałkę muszkatołową, orzechy nerkowca i orzeszki ziemne. Dobrze wymieszaj. Odłożyć na bok.
- Połowę bułki tartej wysyp na talerz.
- Na bułkę tartą nałóż łyżeczkę mieszanki mąki i uformuj bułeczki. Odłożyć na bok.
- Wymieszaj pozostałą mąkę z wystarczającą ilością wody, aby uzyskać rzadkie ciasto. Zanurz roladki w cieście i ponownie obtocz w bułce tartej.
- W garnku rozgrzej olej. Smaż roladki na średnim ogniu na złoty kolor.
- Podawać na gorąco z ketchupem lub zielonym chutneyem kokosowym

Gołąbki z mięsem mielonym

dla 12

składniki

1 łyżka rafinowanego oleju roślinnego plus dodatkowo do smażenia

2 cebule, drobno posiekane

2 pomidory, drobno posiekane

½ łyżki pasty imbirowej

½ łyżki pasty czosnkowej

2 zielone papryczki chilli, pokrojone

½ łyżeczki kurkumy

½ łyżeczki chili w proszku

¼ łyżeczki mielonego czarnego pieprzu

500 g kurczaka, mielonego

200 g mrożonego groszku

2 małe ziemniaki, pokrojone w kostkę

1 duża marchewka pokrojona w kostkę

Sól dla smaku

25 g rzadkich liści kolendry, drobno posiekanych

12 dużych liści kapusty, zblanszowanych

2 ubite jajka

100 g bułki tartej

metoda

- W garnku rozgrzej 1 łyżkę oleju. Smaż cebulę, aż będzie przezroczysta.
- Dodaj pomidory, pastę imbirową, pastę czosnkową, zielone papryczki chilli, kurkumę, chili w proszku i pieprz. Dobrze wymieszaj i smaż przez 2 minuty na średnim ogniu.
- Dodaj mięso mielone z kurczaka, groszek, ziemniaki, marchewkę, sól i liście kolendry. Dusić 20-30 minut, od czasu do czasu mieszając. Chłodź mieszaninę przez 20 minut.
- Włóż łyżki posiekanej mieszanki do liścia kapusty i zwiń. Powtórz dla pozostałych liści. Roladki zabezpieczyć wykałaczką.
- W garnku rozgrzej olej. Roladki maczać w jajku, panierować w bułce tartej i smażyć na złoty kolor.
- Odcedź i podawaj na gorąco.

paw bhadżi

(Pikantne Warzywa Z Chlebem)

Dla 4 osób

składniki

2 duże ziemniaki, ugotowane

200 g mrożonych warzyw mieszanych (zielona papryka, marchew, kalafior i groszek)

2 łyżki masła

1 ½ łyżeczki pasty czosnkowej

2 duże cebule, starte

4 duże pomidory, posiekane

250 ml / 8 uncji wody

2 łyżeczki pav bhaji masala*

1½ łyżeczki chili w proszku

¼ łyżeczki kurkumy

Sok z 1 cytryny

Sól dla smaku

1 łyżka posiekanych liści kolendry

Masło do pieczenia

4 bułki do hamburgerów, przekrojone na pół

1 duża cebula, drobno posiekana

Plastry cytryny

metoda

- Warzywa dobrze zmiksować. Odłożyć na bok.
- Masło podgrzać w rondelku. Dodaj pastę czosnkową i cebulę i smaż, aż cebula nabierze złotego koloru. Dodaj pomidory i smaż, mieszając od czasu do czasu, na średnim ogniu przez 10 minut.
- Dodaj rozgniecione warzywa, wodę, pav bhaji masala, chili w proszku, kurkumę, sok z cytryny i sól. Dusić, aż sos będzie gęsty. Zmiksuj i gotuj przez 3-4 minuty, ciągle mieszając. Posypać listkami kolendry i dobrze wymieszać. Odłożyć na bok.
- Rozgrzej płaską patelnię. Rozsmaruj trochę masła i piecz bułki do burgerów, aż będą chrupiące z obu stron.
- Gorącą mieszankę warzyw podawaj z kanapkami, z cebulą i plasterkami cytryny na boku.

Kotlet Sojowy

Dla 10

składniki

300 g/10 uncji mung dhal*, moczyć przez 4 godziny

Sól dla smaku

400 g / 14 uncji granulatu sojowego, namoczonego w ciepłej wodzie przez 15 minut

1 duża cebula, drobno posiekana

2-3 zielone papryczki chilli, drobno posiekane

1 łyżeczka amchooru*

1 łyżeczka garam masali

2 łyżki posiekanych liści kolendry

150 g paneera* lub tofu, tarte

Rafinowany olej roślinny do smażenia

metoda

- Nie opróżniaj dhalu. Dodaj sól i gotuj w rondlu na średnim ogniu przez 40 minut. Odłożyć na bok.
- Odcedź granulki sojowe. Wymieszaj z dhalem i zmiksuj na gęstą pastę.

- W nieprzywierającym rondlu wymieszaj tę pastę ze wszystkimi pozostałymi składnikami oprócz oleju. Dusić, aż wyschną.
- Podziel masę na kulki wielkości cytryny i uformuj kotlety.
- W garnku rozgrzej olej. Kotlety smażymy na złoty kolor.
- Podawać na gorąco z miętowym chutneyem

Bhel kukurydziany

(Pikantna Przekąska Kukurydziana)

Dla 4 osób

składniki

200 g gotowanych ziaren kukurydzy

100 g dymki, drobno posiekanej

1 ziemniak, ugotowany, obrany i drobno posiekany

1 pomidor, drobno posiekany

1 ogórek, drobno posiekany

10 g posiekanych liści kolendry

1 łyżeczka chaat masali*

2 łyżeczki soku z cytryny

1 łyżka miętowego chutney

Sól dla smaku

metoda

- W misce wymieszaj wszystkie składniki, aby dobrze się połączyły.
- Natychmiast podawaj.

Methi Gota

(Smażone Kluski Z Kozieradki)

za 20

składniki

500g / 1lb 2oz besan*

45 g mąki pełnoziarnistej

125 g jogurtu

4 łyżki rafinowanego oleju roślinnego plus dodatkowo do smażenia

2 łyżeczki sody oczyszczonej

50 g świeżych liści kozieradki, drobno posiekanych

50 g drobno posiekanych liści kolendry

1 dojrzały banan, obrany i rozgnieciony

1 łyżka nasion kolendry

10-15 ziaren czarnego pieprzu

2 zielone chilli

½ łyżeczki pasty imbirowej

½ łyżeczki garam masali

Szczypta asafetydy

1 łyżeczka chili w proszku

metoda

- Besan, mąkę i jogurt wymieszać razem.
- Dodaj 2 łyżki oleju i sodę oczyszczoną. Odstawić do wyrośnięcia na 2-3 godziny.
- Dodaj wszystkie pozostałe składniki oprócz oleju. Dobrze wymieszaj, aby uzyskać gęste ciasto.
- Rozgrzej 2 łyżki oleju i dodaj je do ciasta. Dobrze wymieszaj i odstaw na 5 minut.
- Pozostały olej rozgrzej w rondlu. Kłaść małe porcje ciasta na olej i smażyć na złoty kolor.
- Osączyć na chłonnym papierze. Podawać na gorąco.

Idli

(ciasto ryżowe na parze)

Dla 4 osób

składniki

500g / 1lb 2oz ryżu, namoczonego przez noc

300 g/10 uncji urad dhal*, moczyć przez noc

1 łyżka soli

Szczypta sody oczyszczonej

Rafinowany olej roślinny do smarowania

metoda

- Odcedź ryż i dhal i zmiel je razem.
- Dodaj sól i sodę oczyszczoną. Odstawić na 8-9 godzin do wyrośnięcia.
- Nasmaruj foremki do babeczek. Wlej do nich mieszankę ryżu i dhalu, tak aby były do połowy pełne. Gotuj na parze przez 10-12 minut.
- Wykop idlis. Podawać na gorąco z kokosowym chutneyem

Idli Plus

(Ciasto Ryżowe Na Parze Z Przyprawami)

Dla 6 osób

składniki

500g / 1lb 2oz ryżu, namoczonego przez noc

300 g/10 uncji urad dhal*, moczyć przez noc

1 łyżka soli

¼ łyżeczki kurkumy

1 łyżka cukru pudru

Sól dla smaku

1 łyżka rafinowanego oleju roślinnego

½ łyżeczki nasion kminku

½ łyżeczki nasion gorczycy

metoda

- Odcedź ryż i dhal i zmiel je razem.
- Dodaj sól i odstaw na 8-9 godzin do fermentacji.
- Dodaj kurkumę, cukier i sól. Dobrze wymieszaj i odłóż na bok.
- W garnku rozgrzej olej. Dodać kminek i gorczycę. Niech trzeszczą przez 15 sekund.
- Dodaj mieszankę ryżu i dhalu. Przykryj pokrywką i pozwól mu gotować przez 10 minut.
- Odkryj i zamieszaj mieszaninę. Ponownie przykryj i gotuj przez 5 minut.
- Idli nakłuć widelcem. Jeśli widelec wychodzi czysty, bieg jałowy jest zakończony.
- Pokroić na kawałki i podawać na gorąco z kokosowym chutneyem

Kanapka Masala

za 6

składniki

2 łyżeczki rafinowanego oleju roślinnego

1 mała cebula, drobno posiekana

¼ łyżeczki kurkumy

1 duży pomidor, drobno posiekany

1 duży ziemniak, ugotowany i rozgnieciony

1 łyżka ugotowanego groszku

1 łyżeczka chaat masali*

Sól dla smaku

10 g posiekanych liści kolendry

50 g masła

12 kromek chleba

metoda

- W garnku rozgrzej olej. Dodaj cebulę i smaż, aż będzie przezroczysta.
- Dodaj kurkumę i pomidora. Smażyć na średnim ogniu przez 2-3 minuty.
- Dodaj ziemniaki, groszek, chaat masala, sól i liście kolendry. Dobrze wymieszaj i gotuj przez minutę na małym ogniu. Odłożyć na bok.
- Kromki chleba posmarować masłem. Ułóż warstwę mieszanki warzywnej na sześciu plasterkach. Przykryć pozostałymi plastrami i grillować przez 10 minut. Odwróć i grilluj ponownie przez 5 minut. Podawać na gorąco.

Miętowe kebaby

za 8

składniki

10 g drobno posiekanych liści mięty

500 g sera koziego, odsączonego

2 łyżeczki mąki kukurydzianej

10 orzechów nerkowca, grubo posiekanych

½ łyżeczki mielonego czarnego pieprzu

1 łyżeczka amchooru*

Sól dla smaku

Rafinowany olej roślinny do smażenia

metoda

- Wszystkie składniki oprócz oleju mieszamy ze sobą. Zagniataj, aż uzyskasz miękkie, ale zwarte ciasto. Podziel je na 8 kulek wielkości cytryny i rozgnieć.
- W garnku rozgrzej olej. Szaszłyki smażymy na średnim ogniu na złoty kolor.
- Podawać na gorąco z miętowym chutneyem

Sevia Upma Warzywa

(Warzywne Przekąski Wermiszelowe)

Dla 4 osób

składniki

5 łyżek rafinowanego oleju roślinnego

1 duża zielona papryka, drobno posiekana

¼ łyżeczki gorczycy

2 zielone papryczki chilli, przekrojone wzdłuż

200 g wermiszelu

8 liści curry

Sól dla smaku

Szczypta asafetydy

50 g fasolki szparagowej, drobno posiekanej

1 marchewka, drobno posiekana

50 g mrożonego groszku

1 duża cebula, drobno posiekana

25 g rzadkich liści kolendry, drobno posiekanych

Sok z 1 cytryny (opcjonalnie)

metoda

- W garnku rozgrzej 2 łyżki oleju. Smaż zieloną paprykę przez 2-3 minuty. Odłożyć na bok.
- W drugim rondlu rozgrzej 2 łyżki oleju. Dodać ziarna gorczycy. Niech trzeszczą przez 15 sekund.
- Dodaj zielone chilli i wermiszel. Smażyć przez 1-2 minuty na średnim ogniu, od czasu do czasu mieszając. Dodaj liście curry, sól i asafetydę.
- Zwilżyć niewielką ilością wody i dodać smażoną zieloną paprykę, fasolkę szparagową, marchewkę, groszek i cebulę. Dobrze wymieszaj i gotuj przez 3-4 minuty na średnim ogniu.
- Przykryj pokrywką i gotuj przez kolejną minutę.
- Posypać listkami kolendry i sokiem z cytryny. Podawać na gorąco z kokosowym chutneyem

Bhel

(przekąska z dmuchanego ryżu)

Dla 4-6 osób

składniki

2 duże ziemniaki, ugotowane i pokrojone w kostkę

2 duże cebule, drobno posiekane

125 g prażonych orzeszków ziemnych

2 łyżki mielonego kminku, uprażonego na sucho

300g/10oz Bhel Mix

250 g ciepłego i słodkiego chutney z mango

60 g miętowego chutneya

Sól dla smaku

25 g / 1 uncja zapasowych liści kolendry, posiekanych

metoda

- Wymieszaj ziemniaki, cebulę, orzeszki ziemne i mielony kminek z mieszanką Bhel. Dodaj oba chutney i sól. Wrzucić do wymieszania.
- Uzupełnij listkami kolendry. Natychmiast podawaj.

Sabudana Khichdi

(przekąska sago z ziemniakami i orzeszkami ziemnymi)

Dla 6 osób

składniki

300 g sago

250 ml / 8 uncji wody

250 g grubo zmielonych orzeszków ziemnych

Sól dla smaku

2 łyżeczki granulowanego cukru

25 g / 1 uncja zapasowych liści kolendry, posiekanych

2 łyżki rafinowanego oleju roślinnego

1 łyżeczka nasion kminku

5-6 zielonych papryczek chilli, drobno posiekanych

100 g ugotowanych i pokrojonych ziemniaków

metoda

- Sago moczymy przez noc w wodzie. Dodaj orzeszki ziemne, sól, cukier granulowany i liście kolendry i dobrze wymieszaj. Odłożyć na bok.
- W garnku rozgrzej olej. Dodaj nasiona kminku i zielone chilli. Smaż przez około 30 sekund.
- Dodaj ziemniaki i smaż przez 1-2 minuty na średnim ogniu.
- Dodaj mieszankę sago. Wymieszaj i dobrze wymieszaj.
- Przykryć pokrywką i dusić przez 2-3 minuty. Podawać na gorąco.

Dhokla proste

(Proste Ciasto Na Parze)

za 25

składniki

250 g chana dalu*, moczyć przez noc i odcedzić

2 zielone chilli

1 łyżeczka pasty imbirowej

Szczypta asafetydy

½ łyżeczki sody oczyszczonej

Sól dla smaku

2 łyżki rafinowanego oleju roślinnego

½ łyżeczki nasion gorczycy

4-5 liści curry

4 łyżki świeżego kokosa, posiekanego

10 g posiekanych liści kolendry

metoda

- Zmiel dhal na grubą pastę. Pozwól mu parzyć przez 6-8 godzin.
- Dodaj zielone papryczki chilli, pastę imbirową, asafetydę, sodę oczyszczoną, sól, 1 łyżkę oleju i trochę wody. Dobrze wymieszaj.
- Okrągłą tortownicę o średnicy 20 cm wysmarować masłem i napełnić ciastem.
- Gotuj na parze przez 10-12 minut. Odłożyć na bok.
- Pozostały olej rozgrzej w rondlu. Dodać ziarna gorczycy i liście curry. Niech trzeszczą przez 15 sekund.
- Wlej to na dhoklas. Udekoruj listkami kokosa i kolendry. Pokrój na kawałki i podawaj gorące.

Ziemniak Jaldi

Dla 4 osób

składniki

2 łyżeczki rafinowanego oleju roślinnego

1 łyżeczka nasion kminku

1 zielona papryka, posiekana

½ łyżeczki czarnej soli

1 łyżeczka amchooru*

1 łyżeczka mielonej kolendry

4 duże ziemniaki, ugotowane i pokrojone w kostkę

2 łyżki posiekanych liści kolendry

metoda

- W garnku rozgrzej olej. Dodaj nasiona kminku i pozwól im trzaskać przez 15 sekund.
- Dodaj wszystkie pozostałe składniki. Dobrze wymieszaj. Gotować przez 3-4 minuty. Podawać na gorąco.

Dhokla pomarańcza

(Gotowane Na Parze Ciasto Pomarańczowe)

za 25

składniki

50 g kaszy manny

250g / 9 uncji fasoli*

250 ml kwaśnej śmietany

Sól dla smaku

100 ml / 3½ uncji wody

4 ząbki czosnku

1 cm korzenia imbiru

3-4 zielone papryczki chilli

100 g startej marchwi

¾ łyżeczki sody oczyszczonej

¼ łyżeczki kurkumy

Rafinowany olej roślinny do smarowania

1 łyżeczka nasion gorczycy

10-12 liści curry

50 g wiórków kokosowych

25 g rzadkich liści kolendry, drobno posiekanych

metoda

- Wymieszaj semolinę, besan, śmietanę, sól i wodę. Odstawić do wyrośnięcia na noc.
- Zmiel czosnek, imbir i chilli razem.
- Dodaj do sfermentowanego ciasta wraz z marchewką, sodą oczyszczoną i kurkumą. Dobrze wymieszaj.
- Okrągłą tortownicę o średnicy 20 cm wysmarować odrobiną oleju. Wlać do niego ciasto. Gotować na parze przez około 20 minut. Pozostaw do ostygnięcia i pokrój na kawałki.
- W garnku rozgrzej trochę oleju. Dodać ziarna gorczycy i liście curry. Smaż je przez 30 sekund. Wlej to na kawałki dhokla.
- Udekoruj listkami kokosa i kolendry. Podawać na gorąco.

Kapusta mutia

(krokiety z kapusty gotowanej na parze)

Dla 4 osób

składniki

250 g mąki pełnoziarnistej

100 g posiekanej kapusty

½ łyżeczki pasty imbirowej

½ łyżeczki pasty czosnkowej

Sól dla smaku

2 łyżeczki cukru

1 łyżka soku z cytryny

2 łyżki rafinowanego oleju roślinnego

1 łyżeczka nasion gorczycy

1 łyżka posiekanych liści kolendry

metoda

- Wymieszaj mąkę, kapustę, pastę imbirową, pastę czosnkową, sól, cukier, sok z cytryny i 1 łyżkę oleju. Zagniataj, aż uzyskasz elastyczne ciasto.
- Z ciasta uformować 2 długie bułeczki. Gotować na parze przez 15 minut. Pozostaw do ostygnięcia i pokrój w plasterki. Odłożyć na bok.
- Pozostały olej rozgrzej w rondlu. Dodać ziarna gorczycy. Niech trzeszczą przez 15 sekund.
- Dodaj pokrojone bułki i smaż na średnim ogniu na złoty kolor. Udekoruj listkami kolendry i podawaj na gorąco.

Rawa Dhokla

(Ciasto z kaszy manny na parze)

Robi 15-18

składniki

200 g kaszy manny

240 ml kwaśnej śmietany

2 łyżeczki zielonego chilli

Sól dla smaku

1 łyżeczka czerwonej papryki w proszku

1 łyżeczka mielonego czarnego pieprzu

metoda

- Wymieszaj razem semolinę i kwaśną śmietanę. Fermentuj przez 5-6 godzin.
- Dodać zielone chilli i sól. Dobrze wymieszaj.
- Umieść mieszaninę kaszy manny w okrągłej tortownicy o średnicy 20 cm. Posypać chili w proszku i pieprzem. Gotuj na parze przez 10 minut.
- Pokrój na kawałki i podawaj na gorąco z miętowym chutneyem

Czapatti Upma

(Szybka Przekąska Chapatti)

Dla 4 osób

składniki

6 pozostałych chapati połamanych na małe kawałki

2 łyżki rafinowanego oleju roślinnego

¼ łyżeczki gorczycy

10-12 liści curry

1 średniej wielkości cebula, posiekana

2-3 zielone papryczki chilli, drobno posiekane

¼ łyżeczki kurkumy

Sok z 1 cytryny

1 łyżeczka cukru

Sól dla smaku

10 g posiekanych liści kolendry

metoda

- W garnku rozgrzej olej. Dodać ziarna gorczycy. Niech trzeszczą przez 15 sekund.
- Dodaj liście curry, cebulę, chilli i kurkumę. Smaż na średnim ogniu, aż cebula zrobi się jasnobrązowa. Dodaj chapati.
- Posypać sokiem z cytryny, cukrem i solą. Dobrze wymieszaj i gotuj na średnim ogniu przez 5 minut. Udekoruj listkami kolendry i podawaj na gorąco.

Mung Dhokla

(Gotowane na Parze Ciasto Mung)

Jest około 20

składniki

250 g/9 uncji mung dhal*, moczyć przez 2 godziny

150 ml kwaśnej śmietany

2 łyżki wody

Sól dla smaku

2 starte marchewki lub 25 g startej kapusty

metoda

- Dhal odsączyć i zmielić.
- Dodaj śmietanę i wodę i fermentuj przez 6 godzin. Dodaj sól i dobrze wymieszaj, aby uzyskać ciasto.
- Okrągłą formę o średnicy 20 cm wysmarować masłem i przełożyć do niej ciasto. Posypać marchewką lub kapustą. Gotuj na parze przez 7-10 minut.
- Pokrój na kawałki i podawaj z miętowym chutneyem

Kotlet Mięsny Mughlai

(Kotlet Bogaty Mięsny)

dla 12

składniki

1 łyżeczka pasty imbirowej

1 łyżeczka pasty czosnkowej

Sól dla smaku

500g jagnięciny bez kości, mielonej

240 ml / 8 uncji wody

1 łyżka mielonego kminku

¼ łyżeczki kurkumy

Rafinowany olej roślinny do smażenia

2 ubite jajka

50 g bułki tartej

metoda

- Wymieszaj pastę imbirową, pastę czosnkową i sól. W tej mieszance marynuj jagnięcinę przez 2 godziny.
- W rondlu gotuj jagnięcinę z wodą na średnim ogniu, aż będzie miękka. Zachowaj bulion i odłóż jagnięcinę na bok.
- Do bulionu dodać kminek i kurkumę. Dobrze wymieszaj.
- Przelej bulion do garnka i gotuj na wolnym ogniu, aż woda odparuje. Ponownie marynuj jagnięcinę w tej mieszance przez 30 minut.
- W garnku rozgrzej olej. Zanurz każdy kawałek jagnięciny w roztrzepanym jajku, obtocz w bułce tartej i smaż na złoty kolor. Podawać na gorąco.

Masala Vada

(Pikantne Smażone Pierogi)

za 15

składniki

300 g/10 uncji chana dhal*, zanurzone w 500 ml wody na 3-4 godziny

50 g cebuli, drobno posiekanej

25 g / 1 uncja zapasowych liści kolendry, posiekanych

25 g nielicznych liści kopru, drobno posiekanych

½ łyżeczki nasion kminku

Sól dla smaku

3 łyżki rafinowanego oleju roślinnego plus dodatkowo do smażenia

metoda

- Dhal grubo zmielić. Wymieszać ze wszystkimi składnikami oprócz oleju.
- Dodaj 3 łyżki oleju do mieszanki dhal. Uformuj okrągłe, płaskie klopsiki.
- Rozgrzej pozostały olej na nieprzywierającej patelni. Smażyć klopsiki. Podawać na gorąco.

Kapusta Chivda

(Przekąska z kapusty i bitego ryżu)

Dla 4 osób

składniki

100 g kapusty drobno posiekanej

Sól dla smaku

3 łyżki rafinowanego oleju roślinnego

125 g orzeszków ziemnych

150 g chana dalu*, piec

1 łyżeczka nasion gorczycy

Szczypta asafetydy

200 g / 7 uncji por*namoczone w wodzie

1 łyżeczka pasty imbirowej

4 łyżeczki cukru

1 1/2 łyżki soku z cytryny

25 g / 1 uncja zapasowych liści kolendry, posiekanych

metoda

- Kapustę wymieszać z solą i odstawić na 10 minut.
- Na nieprzywierającej patelni rozgrzej 1 łyżkę oleju. Smaż orzeszki ziemne i chana dhal przez 2 minuty na średnim ogniu. Odcedź i odłóż na bok.
- Rozgrzej pozostały olej na nieprzywierającej patelni. Smaż gorczycę, asafetydę i kapustę przez 2 minuty. Dolej trochę wody, przykryj pokrywką i gotuj na wolnym ogniu przez 5 minut. Dodaj poha, pastę imbirową, cukier, sok z cytryny i sól. Dobrze wymieszaj i gotuj przez 10 minut.
- Udekoruj liśćmi kolendry, prażonymi orzeszkami ziemnymi i dhalem. Podawać na gorąco.

Chleb Besan Bhajji

(Przekąska z chleba i gram mąki)

dla 32

składniki

175g / 6oz Besan*

1250 ml / 5 uncji wody

½ łyżeczki nasion ajowanu

Sól dla smaku

Rafinowany olej roślinny do smażenia

8 kromek chleba przekrojonych na pół

metoda

- Zrób gęste ciasto, mieszając besan z wodą. Dodaj nasiona ajowan i sól. Dobrze wymieszaj.
- Rozgrzej olej na nieprzywierającej patelni. Kromki chleba maczać w cieście i smażyć na złoty kolor. Podawać na gorąco.

Methi Seekh Kebab

(Szaszłyk Miętowy Z Liśćmi Kozieradki)

Robi 8-10

składniki

100 g posiekanych liści kozieradki

3 duże ziemniaki, ugotowane i rozgniecione

1 łyżeczka pasty imbirowej

1 łyżeczka pasty czosnkowej

4 zielone papryczki chilli, drobno posiekane

1 łyżeczka mielonego kminku

1 łyżeczka mielonej kolendry

½ łyżeczki garam masali

Sól dla smaku

2 łyżki bułki tartej

Rafinowany olej roślinny do polewania

metoda

- Wszystkie składniki oprócz oleju mieszamy ze sobą. Kształt klopsików.

- Nabij szaszłyki i smaż na grillu węglowym, polewając olejem i od czasu do czasu obracając. Podawać na gorąco.

Jhinga Hariyali

(zielone krewetki)

za 20

składniki

Sól dla smaku

Sok z 1 cytryny

20 krewetek, obranych i obranych (trzymaj ogon)

75 g drobno posiekanych liści mięty

75 g posiekanych liści kolendry

1 łyżeczka pasty imbirowej

1 łyżeczka pasty czosnkowej

Szczypta garam masala

1 łyżka rafinowanego oleju roślinnego

1 mała cebula, pokrojona w plasterki

metoda

- Natrzyj krewetki solą i sokiem z cytryny. Odstawić na 20 minut.
- Zmiel razem 50 g liści mięty, 50 g liści kolendry, pastę imbirową, pastę czosnkową i garam masala.
- Dodać do krewetek i odstawić na 30 minut. Po wierzchu skropić olejem.
- Krewetki nadziać na szpikulec i usmażyć na grillu węglowym, obracając je od czasu do czasu.
- Udekoruj pozostałymi liśćmi kolendry i mięty oraz pokrojoną cebulą. Podawać na gorąco.

Methi Adai

(Naleśnik z kozieradką)

Robi 20-22

składniki

100 g ryżu

100 g / 3½ uncji urad dhal*

100 g/3½ uncji mung dhal*

100 g chana dalu*

100 g masoor dhal*

Szczypta asafetydy

6-7 liści curry

Sól dla smaku

50 g świeżych liści kozieradki, posiekanych

Rafinowany olej roślinny do smarowania

metoda

- Namoczyć ryż i dhal razem przez 3-4 godziny.
- Odcedź ryż i dhal, dodaj asafetydę, liście curry i sól. Zmiel grubo i odstaw do wyrośnięcia na 7 godzin. Dodaj liście kozieradki.
- Nasmaruj patelnię i rozgrzej ją. Dodaj łyżkę sfermentowanej mieszanki i rozsmaruj, aby uformować naleśnik. Skrop niewielką ilością oleju wokół krawędzi i smaż na średnim ogniu przez 3-4 minuty. Odwróć i smaż przez kolejne 2 minuty.
- Powtórz dla reszty ciasta. Podawać na gorąco z kokosowym chutneyem

Groszek Chaat

Dla 4 osób

składniki

2 łyżeczki rafinowanego oleju roślinnego

½ łyżeczki nasion kminku

300 g groszku konserwowego

½ łyżeczki amchooru*

¼ łyżeczki kurkumy

¼ łyżeczki garam masali

1 łyżeczka soku z cytryny

5 cm korzeń imbiru, obrany i pokrojony w julienne

metoda

- W garnku rozgrzej olej. Dodaj nasiona kminku i pozwól im trzaskać przez 15 sekund. Dodać groszek, amboor, kurkumę i garam masala. Dobrze wymieszaj i gotuj przez 2-3 minuty, od czasu do czasu mieszając.
- Udekoruj sokiem z cytryny i imbirem. Podawać na gorąco.

Shingada

(Bengalski pikantny)

Robi 8-10

składniki

2 łyżki rafinowanego oleju roślinnego plus dodatkowo do smażenia

1 łyżeczka nasion kminku

200 g gotowanego groszku

2 ziemniaki, ugotowane i pokrojone

1 łyżeczka mielonej kolendry

Sól dla smaku

Na ciasto:

350 g zwykłej białej mąki

¼ łyżeczki soli

Trochę wody

metoda

- W garnku rozgrzej 2 łyżki oleju. Dodaj nasiona kminku. Niech trzeszczą przez 15 sekund. Dodaj groszek, ziemniaki, mieloną kolendrę i sól. Dobrze wymieszaj i smaż na średnim ogniu przez 5 minut. Odłożyć na bok.
- Zrób rożki z ciasta ze składników ciasta, jak w przepisie na samosę ziemniaczaną. Napełnij rożki mieszanką warzywną i zamknij.
- Rozgrzej pozostały olej na nieprzywierającej patelni. Smażyć szyszki na średnim ogniu na złoty kolor. Podawać na gorąco z miętowym chutneyem

Cebula Bhajia

(Naleśniki Cebulowe)

za 20

składniki

250g / 9 uncji fasoli*

4 duże cebule, cienko pokrojone

Sól dla smaku

½ łyżeczki kurkumy

150 ml wody

Rafinowany olej roślinny do smażenia

metoda

- Wymieszaj fasolę, cebulę, sól i kurkumę. Dodać wodę i dobrze wymieszać.
- Rozgrzej olej na nieprzywierającej patelni. Dodaj łyżki mieszanki i smaż na złoty kolor. Odsączyć na chłonnym papierze i podawać gorące.

Bagani Murgh

(Kurczak W Paście Z Orzechów Nerkowca)

dla 12

składniki

500g / 1lb 2oz kurczaka bez kości, pokrojonego w kostkę

1 mała cebula, pokrojona w plasterki

1 pomidor, pokrojony

1 ogórek pokrojony w plasterki

1 łyżeczka pasty imbirowej

1 łyżeczka pasty czosnkowej

2 zielone papryczki chilli, drobno posiekane

10 g liści mięty, zmielonych

10 g liści kolendry, zmielonych

Sól dla smaku

Na marynatę:

6-7 orzechów nerkowca zmielonych na pastę

2 łyżki płynnej śmietany

metoda

- Składniki marynaty wymieszać. Marynuj kurczaka w tej mieszance przez 4-5 godzin.
- Nabij je na szpikulec i gotuj na grillu węglowym, obracając je od czasu do czasu.
- Udekoruj cebulą, pomidorem i ogórkiem. Podawać na gorąco.

Ziemniaczane Tikki

(Klopsiki Ziemniaczane)

dla 12

składniki

4 duże ziemniaki, ugotowane i rozgniecione

1 łyżeczka pasty imbirowej

1 łyżeczka pasty czosnkowej

Sok z 1 cytryny

1 duża cebula, drobno posiekana

25 g / 1 uncja zapasowych liści kolendry, posiekanych

¼ łyżeczki chili w proszku

Sól dla smaku

2 łyżki mąki ryżowej

3 łyżki rafinowanego oleju roślinnego

metoda

- Ziemniaki wymieszać z pastą imbirową, pastą czosnkową, sokiem z cytryny, cebulą, liśćmi kolendry, chilli w proszku i solą. Dobrze wymieszaj. Kształt klopsików.
- Oprószyć klopsiki mąką ryżową.
- Rozgrzej olej na nieprzywierającej patelni. Smaż klopsiki na średnim ogniu na złoty kolor. Odcedź i podawaj na gorąco z miętowym chutneyem.

Batata Vada

(Kluski ziemniaczane smażone w cieście)

Robi 12-14

składniki

1 łyżeczka rafinowanego oleju roślinnego plus dodatkowo do smażenia

½ łyżeczki nasion gorczycy

½ łyżeczki urad dhal*

½ łyżeczki kurkumy

5 ziemniaków, ugotowanych i rozgniecionych

Sól dla smaku

Sok z 1 cytryny

250g / 9 uncji fasoli*

Szczypta asafetydy

120 ml wody

metoda

- Na nieprzywierającej patelni rozgrzej 1 łyżeczkę oleju. Dodać gorczycę, urad dhal i kurkumę. Niech trzeszczą przez 15 sekund.
- Wylej to na ziemniaki. Dodać również sól i sok z cytryny. Dobrze wymieszaj.
- Podziel masę ziemniaczaną na placki wielkości orzecha włoskiego. Odłożyć na bok.
- Wymieszaj besan, asafetydę, sól i wodę, aby zrobić ciasto.
- Rozgrzej pozostały olej na nieprzywierającej patelni. Zanurz kulki ziemniaczane w cieście i smaż na złoty kolor. Odcedź i podawaj z miętowym chutneyem.

Mini Kebaby z Kurczaka

za 8

składniki

350 g kurczaka, mielonego

125g / 4½ uncji Besan*

1 duża cebula, drobno posiekana

½ łyżeczki pasty imbirowej

½ łyżeczki pasty czosnkowej

1 łyżeczka soku z cytryny

¼ łyżeczki mielonego zielonego kardamonu

1 łyżka posiekanych liści kolendry

Sól dla smaku

1 łyżka nasion sezamu

metoda

- Wymieszaj wszystkie składniki oprócz sezamu.
- Podziel mieszaninę na kulki i posyp sezamem.
- Piec w 190ºC (375ºF, Gas Mark 5) przez 25 minut. Podawać na gorąco z miętowym chutneyem.

Soczewica Rissole

dla 12

składniki

2 łyżki rafinowanego oleju roślinnego plus dodatkowo do głębokiego smażenia

2 małe cebule, drobno posiekane

2 marchewki, drobno posiekane

600 g / 1 funt 5 uncji Masoor Dhal*

500 ml / 16 uncji wody

2 łyżki mielonej kolendry

Sól dla smaku

25 g / 1 uncja zapasowych liści kolendry, posiekanych

100 g bułki tartej

2 łyżki naturalnej białej mąki

1 jajko, ubite

metoda

- Na nieprzywierającej patelni rozgrzej 1 łyżkę oleju. Dodaj cebulę i marchewkę i smaż na średnim ogniu przez 2-3 minuty, często mieszając. Dodaj masoor dhal, wodę, mieloną kolendrę i sól. Dusić 30 minut, mieszając.
- Dodaj listki kolendry i połowę bułki tartej. Dobrze wymieszaj.
- Uformować kiełbaski i oprószyć mąką. Kotleciki maczać w roztrzepanym jajku i obtaczać w pozostałej bułce tartej. Odłożyć na bok.
- Pozostały olej rozgrzać. Smaż placki na złoty kolor, obracając raz. Podawać na gorąco z zielonym chutneyem kokosowym.

Odżywcza poha

Dla 4 osób

składniki

1 łyżka rafinowanego oleju roślinnego

125 g orzeszków ziemnych

1 cebula, drobno posiekana

¼ łyżeczki kurkumy

Sól dla smaku

1 ziemniak, ugotowany i posiekany

200 g / 7 uncji por*, pozostawić do namoczenia na 5 minut i odcedzić

1 łyżeczka soku z cytryny

1 łyżka posiekanych liści kolendry

metoda

- W garnku rozgrzej olej. Smaż orzeszki ziemne, cebulę, kurkumę i sól na średnim ogniu przez 2-3 minuty.
- Dodaj ziemniaka i poha. Smażymy na małym ogniu do uzyskania gładkości.
- Udekoruj sokiem z cytryny i listkami kolendry. Podawać na gorąco.

Zwykła fasola

(Fasolka W Sosie Pikantnym)

Dla 4 osób

składniki

300 g / 10 uncji Masoor Dhal*, moczone w gorącej wodzie przez 20 minut

¼ łyżeczki kurkumy

Sól dla smaku

50 g fasolki szparagowej, drobno posiekanej

240 ml / 8 uncji wody

1 łyżka rafinowanego oleju roślinnego

¼ łyżeczki gorczycy

Kilka liści curry

Sól dla smaku

metoda

- Wymieszaj dhal, kurkumę i sól. Zmiel, aż uzyskasz gruboziarnistą pastę.
- Gotować na parze przez 20-25 minut. Odstawić do ostygnięcia na 20 minut. Rozdrobnij mieszankę palcami. Odłożyć na bok.
- Gotuj zieloną fasolkę z wodą i odrobiną soli w rondlu na średnim ogniu, aż będzie miękka. Odłożyć na bok.
- W garnku rozgrzej olej. Dodać ziarna gorczycy. Niech trzeszczą przez 15 sekund. Dodaj liście curry i pokruszony dhal.
- Smażymy około 3-4 minuty na średnim ogniu do miękkości. Dodaj ugotowaną fasolę i dobrze wymieszaj. Podawać na gorąco.

Chleb Chutney Pakoda

Dla 4 osób

składniki

250g / 9 uncji fasoli*

150 ml wody

½ łyżeczki nasion ajowanu

125 g miętowego chutneya

12 kromek chleba

Rafinowany olej roślinny do smażenia

metoda

- Zmieszaj besan z wodą, aby uzyskać ciasto o konsystencji mieszanki naleśnikowej. Dodać nasiona ajowan i lekko zmiksować. Odłożyć na bok.
- Rozsmaruj miętową musztardę na kromce chleba i połóż kolejną na wierzchu. Powtórz dla wszystkich kromek chleba. Przetnij je po przekątnej na pół.
- Rozgrzej olej na nieprzywierającej patelni. Bułeczki maczać w cieście i smażyć na średnim ogniu na złoty kolor. Podawać gorące z ketchupem.

Rozkosz Methi Khakry

(przekąska z kozieradki)

na 16

składniki

50 g świeżych liści kozieradki, drobno posiekanych

300 g mąki pełnoziarnistej

1 łyżeczka chili w proszku

¼ łyżeczki kurkumy

½ łyżeczki mielonej kolendry

1 łyżka rafinowanego oleju roślinnego

Sól dla smaku

120 ml wody

metoda

- Wymieszaj wszystkie składniki razem. Zagniataj, aż uzyskasz miękkie, ale zwarte ciasto.
- Podziel ciasto na 16 kulek wielkości cytryny. Rozwałkuj je na bardzo cienkie krążki.
- Rozgrzej płaską patelnię. Umieść krążki na płaskiej patelni i smaż, aż będą chrupiące. Powtórz dla drugiej strony. Przechowywać w hermetycznym pojemniku.

Zielony kotlet

dla 12

składniki

200 g szpinaku, drobno posiekanego

4 ziemniaki, ugotowane i rozgniecione

200 g/7 uncji mung dhal*, gotowane i tłuczone

25 g / 1 uncja zapasowych liści kolendry, posiekanych

2 zielone papryczki chilli, drobno posiekane

1 łyżeczka garam masali

1 duża cebula, drobno posiekana

Sól dla smaku

1 łyżeczka pasty czosnkowej

1 łyżeczka pasty imbirowej

Rafinowany olej roślinny do smażenia

250 g bułki tartej

metoda

- Szpinak i ziemniaki mieszamy razem. Dodaj mung dhal, liście kolendry, zielone chilli, garam masala, cebulę, sól, pastę czosnkową i pastę imbirową. Dobrze wymieszaj.
- Podziel masę na porcje wielkości orzecha włoskiego i uformuj każdy z kotletów.
- Rozgrzej olej na nieprzywierającej patelni. Kotlety obtaczamy w bułce tartej i smażymy na złoty kolor. Podawać na gorąco.

Handvo

(Pikantne ciasto z kaszy manny)

Dla 4 osób

składniki

100 g kaszy manny

125g / 4½ uncji Besan*

200 g jogurtu

25 g / bardzo mała butelka 1 uncji startej dyni

1 marchewka, starta

25 g zielonego groszku

½ łyżeczki kurkumy

½ łyżeczki chili w proszku

½ łyżeczki pasty imbirowej

½ łyżeczki pasty czosnkowej

1 zielona papryczka chilli, drobno posiekana

Sól dla smaku

Szczypta asafetydy

½ łyżeczki sody oczyszczonej

4 łyżki rafinowanego oleju roślinnego

¾ łyżeczki gorczycy

½ łyżeczki nasion sezamu

metoda

- Wymieszaj semolinę, besan i jogurt w rondlu. Dodaj startą dynię oraz marchewkę i groszek.
- Dodaj kurkumę, chili w proszku, pastę imbirową, pastę czosnkową, zielone chili, sól i asafetydę, aby zrobić ciasto. Powinno mieć konsystencję ciasta naleśnikowego. Jeśli nie, dodaj kilka łyżek wody.
- Dodaj sodę oczyszczoną i dobrze wymieszaj. Odłożyć na bok.
- W garnku rozgrzej olej. Dodaj musztardę i sezam. Niech trzeszczą przez 15 sekund.
- Masę wlać do rondelka. Przykryj pokrywką i gotuj na wolnym ogniu przez 10-12 minut.
- Odkryć i ostrożnie obrócić ciasto za pomocą szpatułki. Ponownie przykryj i gotuj przez kolejne 15 minut.
- Przekłuć widelcem, aby sprawdzić, czy jest gotowe. Po ugotowaniu widelec wyjdzie czysty. Podawać na gorąco.

Ghugra

(Mezzaluna z pikantnymi środkami warzywnymi)

Dla 4 osób

składniki

5 łyżek rafinowanego oleju roślinnego plus dodatkowo do smażenia

Szczypta asafetydy

400 g groszku konserwowego, mielonego

250 ml / 8 uncji wody

Sól dla smaku

5 cm korzenia imbiru, drobno posiekanego

2 łyżeczki soku z cytryny

1 łyżka posiekanych liści kolendry

350 g mąki pełnoziarnistej

metoda

- W garnku rozgrzej 2 łyżki oleju. Dodać asafetydę. Gdy wyskoczy, dodaj groszek i 120 ml wody. Gotuj na średnim ogniu przez 3 minuty.

- Dodaj sól, imbir i sok z cytryny. Dobrze wymieszaj i gotuj przez kolejne 5 minut. Posypać listkami kolendry i odstawić.

- Mąkę wymieszać z solą, pozostałą wodą i 3 łyżkami oleju. Podziel je na kulki i rozwałkuj na okrągłe krążki o średnicy 10 cm.

- Umieść trochę mieszanki groszku na każdym dysku, tak aby połowa dysku była pokryta mieszanką. Złóż drugą połowę, aby utworzyć literę „D". Uszczelnij, dociskając krawędzie do siebie.

- Podgrzej olej. Smaż ghugras na średnim ogniu na złoty kolor. Podawać na gorąco.

Kebab Bananowy

za 20

składniki

6 zielonych bananów

1 łyżeczka pasty imbirowej

250g / 9 uncji fasoli*

25 g / 1 uncja zapasowych liści kolendry, posiekanych

½ łyżeczki chili w proszku

1 łyżeczka amchooru*

Sok z 1 cytryny

Sól dla smaku

240 ml rafinowanego oleju roślinnego do płytkiego smażenia

metoda

- Gotuj banany w skórkach przez 10-15 minut. Odcedź i obierz.

- Wymieszać z pozostałymi składnikami oprócz oleju. Kształt klopsików.

- Rozgrzej olej na nieprzywierającej patelni. Smaż klopsiki na złoty kolor. Podawać na gorąco.

www.ingramcontent.com/pod-product-compliance
Lightning Source LLC
Chambersburg PA
CBHW070409120526
44590CB00014B/1327